Karl H. Grünauer

Deutsch kompakt 3
Band I
Texte verfassen

Copyright: pb-verlag • 82178 Puchheim • 2001

ISBN 3-89291-**294**-7

DEUTSCH/ Sprachlehre 2.-4. — FREMDSPRACHEN

UNTERRICHTSPRAXIS
Anke und Michael Krisam
Deutsch kompakt 3
Band IV
Sprache untersuchen

- ARBEITSBLÄTTER mit LÖSUNGEN • FOLIEN
NEUERSCHEINUNG

Inhaltsübersicht:
Abstrakte Namenwörter
Fürwörter
Zeitwörter
Wortarten
Zahlwörter
Zusammengesetzte Namenwörter
Zusammengesetzte Eigenschaftswörter
Vorsilben
Nachsilben
Sammelnamen
Wortfamilien
Satzarten
Satzglieder
Satzgegenstand
Satzaussage

Deutsch kompakt 3 Bd. IV
Nr. 459   118 S.   DM 32,90/ €16,82

Marianne Kelnberger
Kreative Schreibtechniken für die dritte und vierte Jahrgangsstufe

Spielen mit Sprache macht Spaß

Verkehrszeichengeschichte

Es gibt auch ungewöhnliche Verkehrszeichen. Suche dir eines aus und erfinde eine witzige, lustige oder spannende Geschichte dazu.

Hier findest du ein paar Verkehrszeichen. Du kannst auch selbst eines erfinden.

Male dein Verkehrszeichen dazu oder schneide es aus einer Zeitschrift aus.

Inhaltsübersicht:
Mein Name - das bin ich, Wortgedicht, Themen - ABC in Wörtern, Themen - ABC in Sätzen, Gleiche-Buchstaben-Sätze, Selbstlautsätze, Wort im Bild - Bildwörter, Satz im Bild - Bildsatz, Satzballon, Rautengedicht, Elfchen, Farbelfchen, Gedankenschwarm, Wiederholungssätze, Alltagstrott und Traumwelt, Minigedichte, Kreisgedichte, Gerüstgeschichte I, Gerüstgeschichte II, Mein Name - meine Geschichte, Satzschlange, Neues Wort - neuer Sinn, Sprichwort aktuell, Sprichwort - Gedankenschawarm, Kartengeschichte, So ein Duft!, Geschichten, die das Leben schrieb, Verkehrszeichengeschichte, Geschichten würfeln, Ein Würfelspiel - 1000 Geschichten, Reißgeschichte, Er heißt..., Blödelei, Ein-Vokal-Gedicht

Spielen mit Sprache macht Spaß
Nr. 983   78 S.   DM 23,90/ €12,22

Unterrichtspraxis
Dagmar Witschas/Brigitte Stiefenhofer
Kreatives Schreiben
3./4. Jahrgangsstufe
Techniken - Tipps - Schülerbeispiele

- FOLIENVORLAGEN
- ARBEITSBLÄTTER mit LÖSUNGEN

Name der Technik: Bildwörter

Technikbeschreibung:
Bildwörter beschreiben bildhaft den Sinn eines Wortes. Nach Besprechen einiger Beispiele (siehe unten) sollen die Schüler selbst Bildwörter gestalten. In der Grundschule ist es sinnvoll, Wörter vorzugeben, die sich besonders gut zur bildlichen Darstellung eignen.

Orientierungsbeispiele:

Inhaltsverzeichnis
1. Einführung
1.1 Was ist „Kreatives Schreiben"?
1.2 Didaktische Orte des „Kreativen Schreibens"
1.3 Praxistipps für den Erfolg im kreativen Schreibunterricht
1.4 Literaturvorschläge
1.4.1 Literatur über theoretische Grundlagen mit Praxisvorschlägen
1.4.2 Unterrichtsmaterialien der Freiarbeitsverlage für die Unterrichtspraxis
1.4.3 Literatur für Fantasiereisen
1.5 Musikvorschläge für Meditation, Fantasiereisen und Begleitmusik
2. Techniken des „Kreativen Schreibens"
2.1 Namensspiel
2.2 Ein Wort mit meinen Gedanken
2.3 Wörter-ABC
2.4 Sätze-ABC
2.5 Gedankenschwarm (=Cluster)
2.6 Alliteration
2.7 Selbstlautsätze
2.8 Satzballon

2.9 Wiederholungssätze
2.10 Wirklichkeit und Wunsch
2.11 Farbelfchen
2.12 Rautengedicht
2.13 Fortsetzungsgeschichten
2.14 Minigeschichten
2.15 Reihum-Geschichte
2.16 Wunschgeschichte
2.17 Wiewort-Geschichte
2.18 Gerüstgeschichten
2.19 Wer-Wo-Was-Geschichte
2.20 Namensgeschichte
2.21 Puzzle-Geschichte
2.22 Reizwortgeschichten
2.23 Bildwörter
2.24 Bildsätze
2.25 Malgedicht
2.26 Texte zu Bildern
2.27 Kreatives Schreiben im Rahmen der Kinder- und Jugendbucharbeit

Kreatives Schreiben 3./4.
Nr. 843   76 S.   DM 26,90/ €13,75

KOPIERHEFTE mit Pfiff!
SEDLMAIR/GRÜNAUER
Aufsatz I
Erleben und Erzählen
3./4. Jahrgangsstufe

- Freiarbeit • Offener Unterricht • Differenzierung

Inhaltsübersicht:
Tipps für Geschichtenschreiber
Liebe Sandra! (Mitteilen eines besonderen Erlebnisses in Karten- und Briefform)
Der Zirkus war da! (Aufschreiben einer Geschichte zu einem Rahmenthema)
Es war im Winter (Satzanfänge wechseln)
Apfeldiebe (Die wörtliche Rede und ihr Begleitsatz)
Der lebende Schneemann (Die wörtliche Rede und Gedanken)
Die Baumhausbauer (Eine Bildergeschichte lebendig erzählen - Gefühle beschreiben)
Die Baumhausbauer (Ein Erlebnis lebendig erzählen, Personen sprechen lassen)
Super! Spitze! Jetzt reicht´s! (Ausrufe machen deine Geschichte lebendig)
Dieses war der dritte Streich! (Auf die richtige Reihenfolge achten)
Der Schnitt in die Brücke (Treffende Eigenschaftswörter verwenden)
Eine Überraschung (Auf die richtige Reihenfolge achten)

O du liebe Zeit! (Im Aufsatz nie die Zeitform wechseln)
Es brennt! (Treffende Eigenschaftswörter)
Die Katze und das Wollknäuel (Treffende Eigenschaftswörter)
Blick nach oben (Gleiches verschieden ausgedrückt)
Im Wald (Eine Angstgeschichte spannend erzählen, zu Ende erzählen)
Oh, Schreck! (Angst kann man beschreiben)
Allein daheim (Vergleich einer Muster-Angstgeschichte mit Arbeiten von Mitschülern)
Gute Nacht! (Betonen des Höhepunkts in einer Geschichte)
Jagdglück wider Willen (Gliedern in Einleitung, Hauptteil, Schluss)
Vom Hund im Wasser (Eine Fabel ausgestalten)
Der Löwe und die Maus (Schreiben eines kurzen Textes zu einem Bild)
Der Rabe und der Fuchs (Eine Fabel aus anderer Sicht nacherzählen)
Wie kam der Pumuckl zu Meister Eder? (Schreiben einer erfundenen Geschichte)
Der Tortendieb (Schreiben eines Textes zu einer

Bildfolge)
Glück im Unglück (Schreiben einer Geschichte zu einem Bild - gliedern)
Abgestürzt! (Zwei Bilder erzählen eine Geschichte)
Der letzte Apfel (Eine Bildgeschichte verfassen)
Eine lustige Tiergeschichte (Bilder und Wörter als Gesprächs- und Schreibanreize)
Ein alter Fußballschuh erzählt (Humor und Fantasie machen einen Aufsatz besser)
Der fliegende Robert (Eine Geschichte weitererzählen)
Kind - Ball - Auto (Reizwortgeschichte)
Nacht - Papierkorb - Maus (Reizwortgeschichte)
Vase - Scherben - Angst (Reizwortgeschichte)
Jahrmarkt - Autoscooter - Zusammenstoß (Reizwortgeschichte)
Susanne erzählt (Höhepunkt einer Geschichte)

Aufsatz I
Nr. 076   88 S.   DM 28,90/ €14,78

KOPIERHEFTE mit Pfiff!
SEDLMAIR/GRÜNAUER
Aufsatz II
Beobachten • Berichten • Beschreiben
3./4. Jahrgangsstufe

- Freiarbeit • Offener Unterricht • Differenzierung

Inhaltsübersicht:
Wie können wir Spiele beschreiben? (Eine Spielanleitung erklärt Regeln)
Spiele gegen Langeweile (Verfassen einer Spielanleitung)
Herzen würfeln (Folgerichtige Beschreibung einer Spielanleitung)
Ballspiele (Musteranleitungen)
Schreib- und Malspiele (Einsetzen treffender Wörter in eine Spielanleitung)
Wie funktioniert Opas Aufwachmaschine? (Vorgangsbeschreibung)
Wie kommt Pumuckl auf die Kinoleinwand? (Verfassen einer Anleitung für einen Trickfilm)
Ostereierzeit = Ma(h)lzeit (Bastelanleitungen)
Lustige Fingerpuppen (Schreiben einer genauen Bastelanleitung)
Mimi (Basteln einer Puppe nach einer Anleitung)
Suppe für Rechtschreibschwache (Überprüfen der Brauchbarkeit von Stichpunkten)
Rezept gegen Miesepeter (Verfassen eines Rezeptes)
Spaß-Rezept: Klassenzimmersalat mit Büchereisoße (Analyse eines Rezeptes)
Bau für Stelzen! (Beispiel für eine genaue Anleitung)
Ein Adventshimmel als Kalender (Schreiben einer Anleitung in der richtigen Reihenfolge)
Rumänien-Hilfe (Beschreiben des Ablaufs einer Hilfsaktion)

Verbrannte Finger! (Ein Bericht braucht klare Begriffe)
Unser Besuch im Schneider-Verlag (Analysieren eines Sachtextes)
Der satanarchäolügenialkohöllische Wunschpunsch (Gliederung eines Berichts)
Schullandheimaufenthalt (Vergleich von zwei Sachtexten)
Ein Beitrag für den Jahresbericht (Erstellen eines kurzen Sachtextes)
Ein Interview machen …
Ein Eintrag in den Klassenkalender! (Niederschrift einfacher Sachverhalte)
Wie die Amsel ihr Nest baut …. (Sachliche Niederschrift)
Vom Laich zum Frosch … (Notieren von Langzeitbeobachtungen)
Kannst du einen Karpfen genau beschreiben? (Tierbeschreibung)
Wie versorgt uns die Gemeinde mit Trinkwasser? (Stichpunkte im Telegrammstil)
Welche Aufgaben hat unsere Gemeinde ? (Vergleich von zwei Niederschriften)
Wer stimmert sich in der Gemeinde um was? (Kriterien einer guten Niederschrift)
So kommt der Strom in unser Haus! (Fachbegriffe)
Von der Postkutsche zum Intercity (Geordnete Niederschrift)
Wie kommt es zum Waldsterben? (Verfassen einer Niederschrift)
Wie können wir hören? (Beschreiben nach

gesammelten Stichpunkten)
Wir lassen Wasser versickern ... (Ordnen einer Versuchsbeschreibung)
Ruhe bitte! (Niederschrift nach Stichpunkten)
Marsmännchen (Verfassen eines Beschreibungsrätsels)
Suchbilder (Beschreiben von Unterschieden)
Personenbeschreibung
Wie sieht denn der aus! (Beschreiben eines Faschings-Knulps)
Wie lassen sich Personen beschreiben? (Beschreiben besonderer Merkmale)
Obelix, der Gallier (Beschreiben einer Comic-Figur)
Suchrätsel (Erkennen einer Comic-Figur nach einer Beschreibung)
Wie können wir Personen beschreiben? (Treffende Zeit- und Eigenschaftswörter)
Der Igel (Tierbeschreibung)
Mini-Krimi: Die weiße Frau (Merkmale einer Kriminalgeschichte)
Restliche Lösungen (Vorlagen für Folienstreifen)

Aufsatz II
Nr. 077   80 S.   DM 27,90/ €14,27

Bernd und Karin Mey
Akeleistraße 1
82194 Gröbenzell
Tel. + Fax 0 81 42 / 5 11 46
Email die2meys@t-online.de

Vorwort

Texte verfassen 3 aus unserem Verlagsprogramm enthält zum einen **Arbeitsblätter** für die Schülerhand, zum anderen **Stations- und Karteikarten.** Dabei geht es uns vorwiegend um vielfältiges, vielschichtiges und motivierendes Übungsmaterial.

Die Schüler sollen weiterhin unterschiedliche Schreibanregungen nutzen und vielfältige Gelegenheiten zum freien und gebundenen Schreiben erhalten. Sie lernen sprachliche Mittel kennen und steigern so ihre schriftliche Ausdrucksfähigkeit. Bei der Gestaltung ihrer Texte arbeiten die Schüler zunehmend selbstständiger und berücksichtigen immer mehr Absicht und Adressat. Aus der Reaktion anderer auf ihre Texte bekommen die Schüler Anregungen für die Weiterarbeit. Sie lernen verschiedene Möglichkeiten der Überarbeitung eines Textes kennen und verwenden Rechtschreibhilfen wie Wörterlisten und Wörterbücher.

Alle geschriebenen Texte sollten „veröffentlicht" werden, um die Freude am Schreiben zu erhalten und so die Wirkung und Bedeutung der schriftlichen Kommunikation zu erweitern. Es soll sich stets lohnen, für sich und andere zu schreiben.

Unsere Arbeitsblätter haben in der Regel Aufforderungscharakter und bieten Gesprächsanreize und können so zur Einführung eines Themas eingesetzt werden. Oftmals eignen sich die Materialien aber auch als Übungsmöglichkeiten zum Transfer.

Die Stations- bzw. Karteikarten ermöglichen es den Schülern, intensiv und mit Selbstkontrolle die Inhalte zu ergänzen, zu erweitern, zu vertiefen. Sie können fotokopiert und laminiert oder einfach in Klarsichthüllen (DIN A 5) geschoben werden. Die Schüler bearbeiten sie dann nach Bedarf während einer Freiarbeitsphase oder in einem Stationstraining. Vielfältig einsetzbar sind die Materialien auch innerhalb der Differenzierung und Individualisierung.

Da bei der schriftlichen Sprachgestaltung jede Lehrkraft Schwerpunkte setzt, ging es uns nicht darum, streng geordnete Themenbereiche gleichgewichtig anzubieten. Vielmehr wollten wir eine bunte Vielfalt von Möglichkeiten aufzeigen, sich den verschiedensten Themen und Lernzielen zu nähern. Treffen Sie eine Auswahl und nutzen Sie die Möglichkeiten, soweit sie Ihrer Arbeit und der Arbeit Ihrer Schüler entgegenkommen!

Unser Unterrichtskompendium **Texte verfassen 3,** das bewusst mit der Zeilenführung der 4. Jahrgangsstufe aufwartet, um vor allem den Entwurfscharakter der Texte zu unterstreichen, kann im Einzelfall auch Übungsmaterial für die 4. Jahrgangsstufe enthalten. Umgekehrt: Unser Kompendium **Texte verfassen 4** kann im Einzelfall auch Lerninhalte und unterrichtliche Umsetzungsmöglichkeiten aus der 3. Klasse aufgreifen. Insofern lohnt ein Blick in beide pb-Veröffentlichungen. Hier wie dort legen wir intensiven Wert auf folgende Schwerpunkte der Aufsatz-Arbeit: Vorbereitung von Geschichten mit Text- und Bildvorlagen, Auseinandersetzung mit sprachlichen und gestalterischen Mitteln, Adressatenbezug, Textüberarbeitung, Textwürdigung usw. Dabei versuchen wir, einen adäquaten Ausgleich zu finden zwischen Textvorbereitung, Textproduktion und Textüberarbeitung.

Mehr als eine interessante Anregung für Ihren Unterricht soll unser pb-Skriptum nicht sein!

Autor und pb-Verlag Puchheim
im April 2001

Bildmaterial: pb-archiv
Creativ collection
ideen archiv
deike - press
erich ohser (Vater-Sohn-Geschichten)

Inhaltsverzeichnis

I. Unterrichtsbeispiel „Lisa macht den Mund nicht auf."
1. Thema, Lernziele, Arbeitsmittel, Medien, Tafelbild, Folien, Einstiegstext 7
2. Bildvorlage als Sprechanreiz 3. Lehrskizze 4. Arbeitsmaterialien 8

II. Strukturmodelle
Strukturmodell 1 - Strukturmodell 2 17

III. Arbeitsblätter
1. Ein wunderbares Wochenend-Erlebnis (Sich für ein Thema entscheiden) 19
2. Die Prügel-Papas - Die Bengel-Engel - Wer ist der Schuldige? (Gestaltungsideen entwickeln) 21
3. Eine „Streng geheim - Geschichte" (Freie Texte zu Bildern schreiben) 24
4. Kinderflohmarkt (Cluster erstellen) 26
5. Versprechen muss man halten! (Einen Mustertext für eigene Gestaltungsversuche nützen) 27
6. Auf großer Fahrt (Einen Dialog zu einem Bild schreiben) 28
7. Heiße Geschichten ums Eis (Situationen sehen und dazu Geschichten schreiben) 29
8. Mit dem Hausboot unterwegs (Zu einem Bild schreiben) 30
9. „Komm bitte bald wieder aus dem Krankenhaus!" - „Werde bald wieder gesund!" 31
   (Absicht und Adressat berücksichtigen)
10. „Frau Wimmer ist krank, bitte weitersagen!" (Eine Information weitergeben) 34
11. Eine Bitte an den Bürgermeister! (Einen Wunsch äußern) 35
12. Vorsicht, Lebensgefahr!" (Einen Aufruf verfassen - für eine Aktion werben) 36
13. Wörtliche Reden - zu welchem Bild passen sie? 37
14. Was Kinder einmal werden möchten! (Wörtliche Rede richtig einsetzen) 39
15. Wer traut sich vom 3 m - Brett? (Ausrufesätze machen Geschichten lebendig) 41
16. „Schau, so ein schöner Schneemann!" (Ausrufe und Fragen machen Geschichten lebendig) 43
17. So ein Pech! und: Hilfe im Haushalt (Sich für eine Zeitstufe entscheiden) 45
18. Tierische Tierrätsel (Treffende Eigenschaftswörter wählen) 47
19. Fehlerhaftes und Falsches - Witzig, witzig! (Treffende Zeitwörter wählen) 50
20. Aus welchen Ländern kommen wir? (Menschen genau beschreiben) 51
21. Mia, meine Mia - die schönste Puppe der Welt! 52
    Hilfe, mein Federmäppchen ist verschwunden! - Gesucht - gefunden?
    (Dinge genau beschreiben)
22. Welche Bedeutung hat der Wald? (Sachinformationen verständlich verfassen) 55
23. Welche Bedeutung haben unsere Augen? (Sachtexte nach genauer Beobachtung verfassen) 56
24. Versuchsanleitung: Mit einem Auge sehen können? (Vorgänge verständlich verfassen) 57
25. Vom Weizenkorn zum Getreide (Langzeitbeobachtungen notieren) 58
26. Wie der Strom genutzt wird! (Stichpunkte notieren und Sachsituationen aufschreiben) 59
27. Ohne Arbeit kann der Mensch nicht leben! (Informationsquellen nutzen) 60
28. Was du nicht willst, was man dir tut ... - Fehlerhaftes und Falsches 61
    (Satzzeichen und Absätze richtig setzen)
29. Ist der Affe ein gerechter Schiedsrichter? (Satzzeichen richtig setzen) 63
30. Wie soll die Wurst gerecht geteilt werden? (Sich in andere hineinversetzen) 64
31. Die missglückte Staffel-Übergabe (Eine Geschichte geschickt beginnen) 69
32. Die missglückte Staffel-Übergabe (Eine Geschichte geschickt beenden) 70
33. Wie kommt man wieder aus dem Brunnen? (Einen schlauen Schluss finden) 71
34. Da da da (Satzanfänge wechseln) 73
35. Ich ich ich (Satzanfänge umstellen) 74
36. Es waren einmal in Bremen vier Tiere - Fernsehschlaf (Sätze verkürzen) 75
37. Bello will auch mitspielen! - David allein im Baum! oder: Glück im Unglück! 77
    (Den Höhepunkt einer Geschichte gestalten)
38. Angst kann man beschreiben (Geschichten geschickt gestalten mit Wiederholungen) 79
39. Die Geschichte vom Hund und vom Hahn (Geschichten unterhaltsam aufschreiben) 81
40. Ein ungleicher Wettlauf (Märchen interessant und lebendig darstellen) 84

41. Apfeldiebe (Geschichten fortsetzen) 85
42. Fräulein Klein schlägt Mister Groß! (Eine Geschichte erfinden) 86
43. Flugfest in Magdeburg (Geschichten in logischer Reihenfolge erzählen) 87
44. Keller - Koffer - Knall (Eine Reizwortgeschichte überarbeiten) 88
45. Falscher Alarm! - Auf einem Baum gefangen! (Texte verändern) 89
46. Schneemann bauen macht Spaß! - Von Rutschröhren und Wasserratten 91
    (Gleichartige Texte schreiben)
47. Wer kommt zum Klassenfest? (Eine Einladung schreiben) 93
48. So verbessere ich einen Aufsatz-Text! 94

III. Stations- und Karteikarten

1. Horch, war da was? (Angstgefühle ausdrücken) 95
2. Daniel hat Angst (Treffende Eigenschaftswörter finden) 95
3. Abenteuer im Gebirgswald (Eine Bildergeschichte erzählen) 96
4. Zittern im Zelt! (Die Lösung nicht am Anfang verraten) 97
5. Ein ungebetener Gast (Satzzeichen richtig setzen) 97
6. Ein schrecklicher Traum! (Kreativ schreiben) 98
7. Witze von der Park- und Schulbank (Treffende Fragen stellen und Antworten geben) ... 99
8. Radler-Witze (Treffende Zeitwörter verwenden) 100
9. Wie muss ein Kuss sein? (Treffende Eigenschaftswörter finden) 100
10. Wie Bimbo Zoowärter wurde! - Als Hörbi Hunger bekam! (Geschichten erfinden) ... 101
11. Eine Schlittenfahrt ist schön ... - Glück im Unglück (Ein Erlebnis erzählen) 102
12. Einladung zum Flohmarkt (Für eine Aktion werben) 103
13. Einladung zur Geburtstagsparty (An den Adressaten denken) 103
14. Ferien im Wohnwagen (Sätze mit Bindewörtern) 104
15. Ein Aprilscherz (Ergänzungen anbringen) 104
16. Die Bremer Stadtmusikanten - Rotkäppchen (Märchen lebendig darstellen) 105
17. Wohin geht's am Wandertag? - Hör bitte mal zu! (Meinungen äußern und begründen) ... 106
18. Meisterdetektive (Wortfelder aufbauen) 107
19. Muttertag (Sätze sinnvoll ordnen) 107
20. Ein Paket für Tante Paula (Mit dem Wörterbuch Fehler vermeiden) 108
21. Reifenwechsel - Wie der Bäcker Brötchen bäckt! (Einen Vorgang beschreiben) ... 108
22. Wie komme ich zur Schule? (Einen Weg beschreiben) 109
23. Einen Kürbiskopf basteln (Stichpunkte notieren) 110
24. Kürbis, Kopf & Kunst (Eine Bastelanleitung umsetzen) 110
25. Kuchen mit einem Schuss Rosinen! (Eine Überschrift finden) 111
26. Die Meisterköche mit dem Schießgewehr (Kritik üben) 111
27. Lea spielt Lehrerin - Das sture Kamel (Geschichten erfinden) 112
28. So ein Pech! (Zu Reizwörtern schreiben) 113
29. Dumm gelaufen! (Zu Bildern Gedichte schreiben) 113
30. Anglerglück! (Eine Geschichte überraschend enden lassen) 114
31. Das Tandem (Einen Anfang für eine Geschichte finden) 114
32. Was Menschen durch den Kopf geht! (Gedanken aufschreiben) 115
33. Mit dem Ballon nach Babylon fahren (Kreativ schreiben) 115
34. So ein Angeber! (Einen Text planen und gestalten) 116
35. Freche Mäuse unter sich! (Ideen sammeln) 116
36. Also doch Zauberei! - Der eingebildete Kranke (Einen Text planen und gestalten) ... 117
37. Wie macht man Erdbeermilch? (Eine Kochanleitung schreiben) 119
38. Aus früheren Zeiten (Stichpunkte herausschreiben) 119
39. Als ich einmal Angst hatte! - Ein hohler Zahn (Über ein Erlebnis schreiben) 120
40. Rache ist süß (Sich mit einer Bildergeschichte auseinandersetzen) 121
41. Gut gemeint! (Bilder in Texte umformen) 122

THEMA
Beim Schreiben von Erzählungen zunehmend bewusst sprachliche Mittel einsetzen
Für eine Geschichte einen Dialog mit Schluss finden

LERNZIELE
Die Schüler sollen
- Mimik und Gestik der Personen deuten
- das Verhalten der Personen versprachlichen
- eine zusammenhängende Geschichte erzählen, wobei Redesätze und Erzählsätze einander ablösen
- Gedanken der Personen mit Erzählsätzen ausdrücken
- Gefühle der Personen mit passenden Eigenschaftswörtern wiedergeben

ARBEITSMITTEL / MEDIEN / LITERATURHINWEISE
Tafelbild, Folienvorlage, Arbeitsblätter, Übungsbeispiele

TAFELBILD / FOLIEN

Beim Arzt

Kind, sei nicht so störrisch!
Sehen Sie, vereiterte Mandeln!
Entschuldigen Sie bitte! Manchmal ist mit ihr einfach nichts zu machen!
Siehst du, hat gar nicht weh getan!
Mach so wie der Herr Doktor!
Streck bitte die Zunge heraus!
So, nun sag mal „ahhh"!
Nein, ich will nicht!
So etwas ist mir noch nicht vorgekommen, Frau Mutz!
Bitte, zur Belohnung ein Bonbon!
Mach mal so, dann kann ich sehen, was dir fehlt!
Tja, dann müssen Sie wohl noch einmal vorbeikommen!

Aufgaben:
1. Welche Redeteile lassen sich in die Geschichte einbauen? Unterstreiche rot!
2. Gib an, wer zu wem spricht, und mit welcher Absicht tut er das?

Einstiegstext: Lisa und der Arzt

Lisa hat Halsschmerzen. Sie geht mit ihrer Mutter zum Arzt. Sie müssen eine halbe Stunde im Wartezimmer sitzen. Lisa wird ungeduldig: „Wann kommen wir denn endlich dran? Ich habe Halsweh!"
Da kommt schon die Sprechstundenhilfe und bittet sie höflich in den Behandlungsraum. Dort müssen die beiden wieder warten. „Wann kommt denn der Doktor, Mama?" fragt Lisa ungeduldig. Endlich betritt der Arzt das Zimmer und meint: „Na, wo fehlt es denn?"
Lisa antwortet nicht, und Mutti meint: „Lisa kann nicht reden, sie hat so starke Halsschmerzen." - „Na, dann mach mal den Mund bitte weit auf und sage aaah!" Lisa will nicht mehr. Der Arzt und Mutter machen es Lisa vor: „So bitte den Mund aufmachen!" Alles gute Zureden hat keinen Sinn. Lisa macht den Mund nicht mehr auf: weder zum Sprechen noch zum Untersuchen.
Der Arzt bittet Frau Müller, nochmals zu kommen: „Vielleicht lässt sich Lisa morgen eher untersuchen!"

Lisa macht den Mund nicht auf!

Lisa hat Halsschmerzen. Deshalb geht Mutter mit ihr sofort zum Arzt. Doch dann passiert Folgendes:

1. Was sagen uns die Gesichtsausdrücke der Personen:
Wie verhält sich das Kind?
Wie verhält sich der Arzt?
Wie verhält sich die Mutter?
Was denken und sagen die Personen?
2. Warum wird das Kind wohl nicht sprechen wollen?
3. Wie könnte die Geschichte ausgehen?

Lehrskizze

I. Motivation

1. Spontanes Erzählen
- Als ich einmat beim Arzt war
- Als ich einmal Angst vor dem Arzt hatte

2. Zielorientierung:
Eine lustige Arzt- Geschichte erzählen und passende Dialoge erfinden

II. Bildbetrachtung

1. Grobe Inhaltserfassung:
Mutter ist mit Lisa beim Arzt, weil das Kind Halsschmerzen hat. Der Arzt will das Kind untersuchen. Es soll den Mund öffnen. Das Kind mag nicht. Der Arzt macht es vor, Mutter macht es vor, aber das Kind reagiert nicht und bleibt stumm. Die Mutter weint, der Arzt beendet die Untersuchung und ist verärgert. Die beiden verlassen das Behandlungszimmer. Wie geht die Geschichte aus?

2. Schlussmöglichkeiten:
a. Das Kind lacht und ruft: „Hehe, ich bin ja gar nicht krank!"
b. Das Kind lacht und streckt die Zunge heraus: „Bötsch, ich kann doch den Mund aufmachen und die Zunge herausstrecken!"
c. Kind bekommt beim Heimweg starke Halsschmerzen, kehrt um, entschuldigt sich und lässt sich untersuchen.

3. Differenzierte Betrachtung:
Mimik und Gestik der dargestellten Personen erkennen und versprachlichen:
Lisa (Bild 1 bis 5): stumm, stur, verstockt, widerspenstig, trotzig
Arzt (Bild 1 und 2):
freundlich, aufmunternd, eingehen, zeigen, einreden, väterlich, liebenswürdig, wohlwollend
   (Bild 3 bis 5):
verärgert, unfreundlich, erregt, verschnupft, gereizt, bissig, aufgebracht, beleidigt
Mutter (Bild 1 bis 3): hilfsbereit, besorgt
   (Bild 4 und 6): traurig, geknickt, erschrocken, bekümmert, weinend, hilflos

III. Mündliche Gestaltungsphase

1. Vorgeschichte:
Die Vorgeschichte spielt sich im Wartezimmer ab. Was geschieht dort ?
Dialoge zwischen Mutter und Kind.
1. Beispiel: Das Kind hat furchtbare Halsschmerzen und Angst vor dem Arzt.
2. Beispiel: Das Kind lässt sich von ahnungsloser Mutter erzählen, was der Arzt alles macht. Lisa stellt sich alles Mögliche vor.
3. Beispiel: Kind ist sehr quengelig, weit es so lange warten muss.

2. Dialoge erfinden
1. Bild: Arzt (freundlich): Na, Lisa, jetzt öffne einmal deinen Mund! Weit aufmachen! Na, bitte! Das kannst du doch! Und die Zunge herausstrecken!
Mutter: Schau, Lisa, hier aufmachen! Den Mund!
2. Bild: Arzt (liebenswürdig): Zeige deine Zunge, Lisa! Schau, so wie ich! Das ist doch kein Problem!
Mutter (aufmunternd): Schau, du brauchst es bloß so zu machen, wie der Herr Doktor!
3. Bild: Arzt: Also, so etwas ist mir auch noch nicht passiert! Was hat denn das Kind ? Frau Mutz, reden Sie doch mit Ihrer Tochter! Das geht doch nicht! Wie soll ich das Kind untersuchen können ?! Mutter (geknickt): Ich versuche es noch mal! Schau, Lisa. So! So! Du brauchst bloß die Zunge herauszustrecken. Schau, so! Bloß so!
4. Bild: Arzt (heftig): Nein, das hat keinen Zweck! Ich verplempere hier meine kostbare Zeit. Das Wartezimmer ist voller Patienten.
Mutter (weinend): Was soll ich mit dem Kind bloß machen?
5. Bild: Arzt (verärgert): Gehn Sie heim, Frau Mutz und versuchen Sie es ein andermal!

3. Schluss:
1. Möglichkeit:
*Im Wartezimmer drehte sich Lisa um, streckte dem Arzt die Zunge heraus und rief: „Böh, hier ist meine Zunge. Ich strecke meine Zunge heraus, wenn **ich** will!" Die Patienten schüttelten den Kopf und Mutter schämte sich furchtbar wegen ihrer frechen Tochter.*

2. Möglichkeit:
Als Mutter mit Lisa wieder daheim war, redete Mutter mit ihrer Tochter ein ernstes Wort: „Lisa, das kannst du doch nicht machen! Wenn du Halsschmerzen hast, musst du dich untersuchen lassen und das tun, was der Arzt von dir verlangt. Lisa sah alles ein.

Zusammenfassung:
1. Wir erzählen eine zusammenhängende Geschichte.
2. Wir spielen die Geschichte

IV. Halbschriftliche Gestaltungsphase
1. Gestaltungsaufgabe: Die Gedanken der Personen mit Erzählsätzen ausdrücken
Beispiele:
Der Arzt dachte: Was hat denn das Kind? Vielleicht hat es Angst vor mir?
Der Arzt ärgerte sich: Also so ein stures Kind! Was mach ich bloß? Sollen sich einen anderen Arzt suchen!
Mutter dachte: Das Kind hat Schmerzen, furchtbare Halsschmerzen. Vielleicht traut sie sich nicht!
Mutter weinte: O Gott, Lisa blamiert mich unsterblich! Immer wieder macht sie mir Schwierigkeiten, dieser Schreihals!

2. Arbeit am Wort: Mimik und Eigenschaftswort müssen übereinstimmen
Bild 1: freundlich, liebenswürdig - Bild 2: wohlwollend, hilfsbereit - Bild 3: erstaunt, ärgerlich
Bild 4: ungehalten, grimmig - Bild 5: aufgebracht, grollend - Bild 6: kühl, eisig

3. Arbeit am Satz: Wiederholungen am Satzanfang vermeiden
Ergebnis:
Zuerst mussten sie im Wartezimmer Platz nehmen. Endlich rief sie die Sprechstundenhilfe auf. Im Sprechzimmer empfing sie Doktor Müller freundlich. Nun musste sich Lisa auf den Arztstuhl setzen. Freundlich sagte er: „So, Lisa, dann lass mich mal in deinen Mund schauen. Strecke deine Zunge weit heraus und sag ahhh!" - Aber Lisa wollte und wollte nicht den Mund öffnen. Allmählich wurde es dem Herrn Doktor zu dumm. Jetzt streckte die Mutter die Zunge heraus. Wütend rief der Arzt: „Es tut mir leid, Frau Mutz. Dieses Kind kann ich nicht untersuchen!"

V. Schriftliche Gestaltungsphase
1. Wiederholung der Gestaltungsaufgabe
2. Wie schreibt man einen schönen Schluss?
3. Erzählschlüsse beurteilen
Mögliche Ergebnisse:
1. Abschnitt: zu knapp und zu kurz
2. Abschnitt: gute Idee, passender Schluss, rundet die Geschichte ab
3. Abschnitt:
möglicher Schluss, aber unbefriedigend, da sich Lisa überhaupt nicht rechtfertigen muss
4. Abschnitt:
originelle Idee, aber unwahrscheinlich, dass der Doktor trotz des frechen Verhaltens dann noch ins Haus kommt und aus Rache eine bittere Medizin verschreibt

4. Selbständige schriftliche Gestaltung
a. Möglichkeit: Redetexte zur Auswahl - Zuordnungsaufgabe oder Erzählung in der Ich-Form (Lisa)
b. Möglichkeit mit Perspektivenwechsel: Mutter erzählt Vater das Arzterlebnis mit Lisa

Lösung: Lisa macht den Mund nicht auf!

Lisa hat Halsschmerzen. Deshalb geht Mutter mit ihr sofort zum Arzt. Doch dann passiert Folgendes:

Wo tut's denn weh, kleine Lisa?

Streck doch mal die Zunge heraus!

Mach doch bitte, was der Doktor sagt!

Auch wenn die Mutter ihr's zeigt, die macht das nicht!

Tut mit leid, so kann ich sie nicht untersuchen!

Herr Doktor, es ist mir so peinlich!

So ein störrisches Kind hatte ich noch nie!

Das Kind gehört jetzt erzogen!

Zuerst lässt er mich warten und dann soll ich auch noch den Mund aufmachen!

?

Arbeitsaufgabe:
Schreibt in die Denk- und Sprechblasen passende Ausdrücke!

| DEUTSCH | NAME: _____ | DATUM: _____ | NR. ___ |

Ein Arzt mit vielen Eigenschaften
(Mimik und Eigenschaftswörter müssen übereinstimmen)

1. Zum Verhalten des Arztes passen entsprechende Eigenschaftswörter.
Ordnet die in der Mitte stehenden Eigenschaftswörter mit Pfeilen den 5 Bildern zu!

erstaunt
freundlich

wohlwollend
ungehalten

heftig
aufgebracht

kühl
liebenswürdig

hilfsbereit
ärgerlich

grimmig
grollend

eisig
traurig

entsetzt

2. Schreibt auch zum Verhalten der Mutter Eigenschaftswörter auf:

_____

_____

_____

3. Welche Eigenschaftswörter passen zu Lisa? Streicht die falschen Wörter weg!

verstockt - störrisch - mürrisch - zuvorkommend - freundlich - verschlossen - verschämt - frech - bockig - trotzig - furchtlos - aggressiv - verhalten - rücksichtsvoll - abweisend - verständnislos - kühl - genervt - gelangweilt

| DEUTSCH | NAME: _____ | DATUM: _____ | NR. ___ |

Vergeblicher Arztbesuch
(Satzanfänge verändern)

Lisa hatte starke Halsschmerzen. Da musste sie zum Arzt. Da musste sie im Wartezimmer warten. Dann rief sie die Sprechstundenhilfe auf. Dann gingen sie ins Sprechzimmer. Da empfing sie der Doktor. Dann musste sie sich auf den Arztstuhl setzen. Doktor Müller untersuchte sie und dann sagte er: „So, Lisa, mach mal schön ahhhh und dann streckst du die Zunge heraus!" Da ließ Lisa die Zunge im Mund. Da wurde der Doktor ärgerlich. Da streckte die Mutter die Zunge heraus und sagte: „Schau, Lisa, so musst du es machen!" Aber Lisa machte immer noch nichts. Da rief der Doktor wütend: „Dann kann ich dich nicht untersuchen!"

1. Was gefällt dir am Entwurf nicht besonders gut?
2. Wie könnte man die Geschichte besser machen?
3. Findet für die Satzanfänge bessere Wörter und überarbeitet die Geschichte!
Unten findest du Satzanfänge, die dir weiterhelfen!
Es beginnt: zu Beginn - anfangs - zuerst - am Anfang - zunächst
Es ist vorbei: neulich - vor einiger Zeit - damals - vorher - einmal
Es geschieht nacheinander:
nach und nach - im Laufe der Zeit - allmählich - sofort - sogleich - nun - jetzt - schließlich - endlich
Es ändert sich schlagartig:
auf einmal - unerwartet - augenblicklich - mit einem Mal - plötzlich
Es passiert zur gleichen Zeit:
inzwischen - währenddessen - mittlerweile - gleichzeitig - im gleichen (selben) Augenblick
Es wird ein Gegensatz ausgedrückt:
aber - trotzdem - dagegen - andererseits - hingegen - jedoch - doch

| DEUTSCH | NAME: _____ | DATUM: _____ | NR.___ |

Wie soll die Geschichte mit Lisa enden?
(Einen schlauen Schluss für die Geschichte finden)

Folgende Möglichkeiten haben wir dazu aufgeschrieben:

(1) Mutter schimpfte und gab Lisa drei Tage Fernsehverbot.

Meine Meinung:
Gefällt mir (nicht), weil

_____

_____

(2) Als sie nach Hause kamen, gab es von Vater eine Strafpredigt: „Dieser Arztbesuch ist für die Katz, aber wir müssen ihn bezahlen! Verstehst du?"
Da versprach Lisa sich das nächste Mal beim Doktor zu entschuldigen.

Meine Meinung:
Gefällt mir (nicht), weil

_____

_____

(3) Die Sprechstundenhilfe schaute ihnen kopfschüttelnd nach. Mutter aber schämte sich für ihre ungezogene Tochter.

Meine Meinung:
Gefällt mir (nicht), weil

_____

_____

(4) Daheim musste sich Lisa mit ihren Halsschmerzen ins Bett legen. Der Doktor kam ins Haus und verschrieb zur Strafe eine bittere Medizin.

Meine Meinung:
Gefällt mir (nicht), weil

_____

_____

Ende gut, alles gut!
(Einen schlauen Schluss schreiben)

Trixi meint:
„Jede Geschichte braucht einen guten Schluss, sonst ist sie langweilig!"
Ihr Vorschlag sieht so aus:
„Auf dem Heimweg sprach Mutter mit Lisa kein Wort. Als sie daheim waren, brach über das Mädchen ein Donnerwetter herein. „Lisa", rief Mutter erbost, „so ein Theater möchte ich nicht mehr erleben! Verstanden!?"

Horst schreibt so, dass man spürt, wie den Personen am Schluss der Geschichte zumute war:
„Der Arzt war sehr verärgert. Mutter schämte sich bis auf die Knochen für das unmögliche Verhalten von Lisa. Und Lisa? Sie lachte insgeheim, weil sie zwei Erwachsene ausgetrickst hatte. - Ihre Schmerzen aber blieben!"

Tanja schreibt, wie sie über die Geschichte denkt:
„Lisa hat sich ganz gehörig beim Doktor blamiert und hat eine Strafpredigt verdient. Mutter sollte ihre Tochter besser erziehen. Und der Arzt hätte schon noch etwas mehr Geduld aufbringen können."

Wie würdest du die Bildergeschichte von Lisas Arztbesuch ausgehen lassen?

Strukturmodell 1

I. Aktivierung der Erfahrungen
1. Motivation/ mediale Inkubation
- mit Hilfe eines Bildes, einer Bilderfolge, eines Reizwortes, einiger Reizwörter usw.
- durch Zeigen eines konkreten Gegenstandes, eines Modells usw.
- durch akustische Reize wie Hörspielsequenz, Hörszene, szenisches Vorspiel usw.
- durch Beobachtung eines Vorgangs als Ausgangspunkt von Assoziationen mit eigenen Erlebnissen
- durch eine Auswahl wirklichkeitsnaher Sprechanlässe
- durch Reflexion von Alltagssituationen

2. Hinführung zum Erzählbereich
- durch Ankündigung eines konkreten Vorhabens (z. B. Klassenzeitung, Geschichtenbuch, Wandzeitung)
- durch Festlegung eines Themas
- durch Nennung der Gestaltungsabsichten
- durch Berücksichtigung des Adressaten

3. Mündliche Gestaltungsphase
- durch Mitteilen persönlicher Erlebnisse oder Vorstellungen
- durch freies Erzählen, Schildern, Berichten von selbst erlebten Begebenheiten
- durch möglichst wenig Eingriffe in Inhalt und Sprache (kontrollierte Impulse)
- durch schriftliche Fixierung möglicher verwertbarer Aussagen

II. Vorbereitung des schriftlichen Entwurfs
1. Inhaltliche Klärung
- durch Fixierung von Teilen des Erlebnisses, Bildinhalts, Vorgangs usw.
- durch Darstellung der logischen Reihenfolge eines Handlungsablaufs
- durch Bereitstellung zusätzlicher Informationen (z.B. Merkhilfen, Wortsammlungen usw.)
- durch Ordnen von Satzstreifen, Folientexten, Wortfolgen usw.
- durch Ausfüllen von Denk- und Sprechblasen
- durch Zeichnen von Bildern, kleinen Bildfolgen, Bildcomics usw.
- durch „Versprachlichung" von Bildern, Bildfolgen
- durch Festlegung von handelnden Personen mit Namen
- durch Darstellung und Klärung von Gegenständen, Teilvorgängen, Zeitspannen usw.
- durch Veranschaulichung von Begriffen, Wörtern, Sachzusammenhängen usw.
- durch Besprechung und Klärung des Aufbaus

2. Sprachliche Durchdringung
- mit Hilfe von Wortschatzübungen und Wortschatzerweiterungen
- mit Hilfe von Satzbaumustern, Versatzstücken von Gedanken, Ideen, Handlungsfortführungen
- durch Besprechung sprachlicher und gestalterischer Mittel
- durch Hilfestellungen bei Textvorbereitungen aller Art
- durch Veranschaulichung des Spannungsbogens einer Geschichte
- durch verschiedenste Übungen zu unterschiedlichsten Gestaltungsmerkmalen
- durch Ausdruckshilfen aller Art
- durch Vorgabe von Mustervorlagen
- durch Vorlesen und Hören von Gruppenaufsätzen usw.

III. Erstellung eines Erstentwurfs
- durch Schaffung günstiger äußerer Bedingungen

Strukturmodell 2

I. Stufe: Weckung des Gestaltungswillens

1. Motivation und mediale Inkubation
- mit Hilfe zwingender Sprechanlässe, sinnvoller Schreibanregungen
- mit Hilfe eines Bildes, einer Bilderfolge, eines Reizwortes, einiger Reizwörter usw.
- durch Zeigen eines konkreten Gegenstandes, eines Modells ... (wie Strukturmodell 1)

2. Hinführung zum Erzählbereich
- durch Ankündigung eines konkreten Vorhabens
  (z. B. Klassenzeitung, Geschichtenbuch, Wandzeitung)
- durch Festlegung eines Themas ... (wie Strukturmodell 1)

3. Mündliche Gestaltungsphase
- durch Mitteilen persönlicher Erlebnisse oder Vorstellungen
- durch freies Erzählen, Schildern, Berichten von selbst erlebten Begebenheiten ...
  (wie Strukturmodell 1)

II. Stufe: Erster freier mündlicher Gestaltungsversuch

1. Inhaltliche Klärung
- durch Fixierung von Teilen des Erlebnisses, Bildinhalts, Vorgangs usw.
- durch Darstellung der logischen Reihenfolge eines Handlungsablaufs
- durch Bereitstellung zusätzlicher Informationen (z.B. Merkhilfen, Wortsammlungen usw.) ...
  (wie Strukturmodell 1)

2. Sprachliche Durchdringung
- mit Hilfe von Wortschatzübungen und Wortschatzerweiterungen
- mit Hilfe von Satzbaumustern, Versatzstücken von Gedanken, Ideen, Handlungsfortführungen
- durch Besprechung sprachlicher und gestalterischer Mittel ...
(wie Strukturmodell 1)

III. Stufe: Erster schriftlicher Gestaltungsversuch
- durch Schaffung günstiger äußerer Bedingungen
- durch Vorgabe individueller Hilfen für schreibschwache Schüler
- durch Vorgabe zusätzlicher sprachlicher und bildlicher Hilfen

IV. Stufe: Vorlesen und Besprechung positiver und negativer Momente - Auswertung
- durch Klassengespräch
- durch aufbauende Kritik
- durch Vorstellen besonders gelungener Gestaltungsbeispiele
- durch Ausstellung der Entwürfe im Klassenzimmer
- durch Ausdruck guter Beispiele im Klassen-PC

V. Stufe: Ausdrucksübungen - Stilübungen
- durch gezielte Besprechung von Gestaltungsmerkmalen
  (z. B. wörtliche Rede, Satzanfänge, Satzumstellproben, gleiche Zeitstufe usw.)
- durch gezielte Wortschatzübungen (Wortfeld „sagen")
- durch klar überschaubare Ausdrucksübungen (Satzmustervorgaben, Sprachschemata usw.)
- durch konkrete Sprachformübungen
  in Schreibkonferenzen, Gruppenarbeit, in Hausaufgaben

VI. Stufe: Aufsatz-Überarbeitung, Korrekturschreiben und Endfassung
- durch besondere Gestaltung im Schriftbild oder durch Illustrationen für Textverarbeitung im
  PC, für Klassen- und Jahresbücher, für Schautafeln und Ausstellungen

Ein wunderbares Wochenend-Erlebnis
(Sich für ein Thema entscheiden)

Petra und die Klasse 3c sollen zum Thema oben eine Erzählung schreiben. Dazu bekommen sie von ihrer Lehrerin drei Bilder zur Auswahl. Petra denkt angestrengt nach:

| Bild 1 | Bild 2 | Bild 3 |

„Ja, Geburtstagspartys mag ich sehr gerne. Letzte Woche waren alle Freunde bei mir. Es machte sogar den Jungen viel Spaß.
Wir spielten Blinde Kuh, Sackhüpfen und Popcorn-Schnappen.
Zum Essen gab's heiße Würstchen, Pommes und Zuckersenf.
Das schmeckte!
Zum Schluss durfte ich 10 Kerzen ausblasen und die Riesentorte aus Schokolade aufteilen. Das größte Stück gab ich meiner Mama, weil sie für mich so ein tolles Fest vorbereitete!"

„In den letzten Sommerferien besuchten wir ein altes Schloss. Wir waren mit den Rädern unterwegs und schon der Aufstieg dorthin war schweißtreibend. Das Schlossmuseum hat mir nicht gefallen, aber die Aussicht auf dem Turm war toll. Wir sahen die ganze Alpenkette und im Norden bis nach München. Besonders schön waren die Bären im Schlossgraben. Wir Kinder durften im Malstudio Wappen mit Gespenstern bemalen. Zum Schluss gab's Fleisch vom Schlossspieß, auf offenem Feuer gebraten!"

„Kirmes ist klasse. Da bekomme ich von Papa immer Popcorn, gebrannte Mandeln und Zuckerwatte. Ich darf mit dem Karussell fahren, mit dem Riesenrad und mit dem Auto-scooter. Beim Schützenstand schießt mir Papa alles heraus, was ich mir wünsche. Im Glückshafen bekomme ich um 5 Euro Lose. Letztes Mal bekam ich als Hauptgewinn einen Riesen-Teddy zum Kuscheln. Der passte fast nicht in mein Bett! - Ich könnte zu jedem Bild etwas schreiben, aber für welche Geschichte soll ich mich nun entscheiden?"

1. Könnt ihr Petra Tipps geben, für welches Thema sie sich entscheiden soll?
2. Welches Thema würdet ihr nehmen? Begründet!
3. Stellt Gründe zusammen, die bei einer Entscheidung für ein bestimmtes Thema weiterhelfen!

| DEUTSCH | NAME: _____ | DATUM: _____ | NR. ___ |

Ein wunderbares Wochenend-Erlebnis
(Sich für ein Thema entscheiden)

Petra hat sich schließlich wie acht andere Mitschüler für das Thema „Geburtstagsfeier" entschieden. Sieben Kinder schrieben über einen Kirmesbesuch und nur vier Kinder erzählten ihre Geschichte über einen Schloss-Besuch. Dennoch schrieben sie oft die gleichen Argumente für ihre Themen-Auswahl auf den Block:

„Ich muss über das Thema viel wissen!"

„Bei diesem Thema kenne ich mich gut aus!"

„Ich muss dazu schon etwas selbst erlebt haben!"

„Dazu habe ich mit meiner Freundin schon etwas Tolles erlebt!"

„Darüber habe ich schon einmal eine Geschichte geschrieben!"

„Dazu habe ich schon einmal ein Buch gelesen!"

„Mir muss zur Geschichte immer etwas Witziges einfallen!"

„Ich kann nur über Sachen schreiben, die ich selbst gesehen oder miterlebt habe!"

„Wenn ich mich für ein bestimmtes Thema entscheide, dann muss ich es spannend erzählen können. Geschichten ohne spannenden Höhepunkt finde ich langweilig!"

„Es muss mir einfach Spaß machen, wenn ich über ein Thema schreiben will!"

„Bevor ich mich hinsetze und schreibe, muss ich zuerst wissen, für wen ich die Geschichte schreibe. Ich schreibe eine Geschichte für mich selber anders als wenn ich meiner Freundin einen Brief schreibe! Oder?"

„Ich nehme immer das Thema, das den anderen Mitschülern weniger gefällt. Da hab ich mehr Chancen, eine bessere Note zu bekommen."

„Wenn ich von einem Thema überhaupt nichts weiß, lasse ich lieber die Finger davon!"

Arbeitsaufgaben:
1. Wie denkt ihr über die Meinungen der Schüler?
2. Gibt es weitere Argumente, ein bestimmtes Thema zu wählen oder nicht zu wählen?
3. Warum sollte man für eine Erlebniserzählung immer ein eigenes, selbst erlebtes Ereignis verwenden?

| DEUTSCH | NAME: _____ | DATUM: _____ | NR. ___ |

Die Prügel-Papas
(Gestaltungsideen entwickeln)

**Christine brütet genervt über einer Bildergeschichte.
Sie weiß einfach nicht, wie sie diese Geschichte schreiben soll.**

Kannst du folgende Fragen beantworten, die ihr durch den Kopf gehen?

Bild 1:
Warum schlagen sich die Jungen?

Bild 2:
Warum rennt der Junge weinend gleich zu seinem Papa?

Bild 3:
Warum hilft Papa seinem Sohn?

Bild 4:
Was werden sich die beiden Väter sagen?

Bild 5:
Warum werden die Väter handgreiflich?

Bild 6:
Was machen die Jungen, während die Väter aufeinander einschlagen?

Unterstreiche die Ratschläge, die du Christine geben würdest! Streiche die falschen Ratschläge durch!

Schau dir zuerst die Bilder genau an!
Male alle Bilder farbig aus und schreibe nichts!
Finde zu jedem Bild eine Überschrift!
Schreibe zu jedem Bild drei Seiten!
Schreibe dir zu jedem Bild fünf Wörter auf!
Konzentriere dich immer auf das, was unwichtig ist!
Versuche den Sinn der Geschichte zu erkennen!
Schreibe nur über das, was du nicht auf den Bildern siehst!
Schreibe nur über das, was die Bilder zeigen!
Beginne mit dem Schlussbild!
Beende die Bildergeschichte immer mit dem ersten Bild!
Überlege zuerst immer, wie die Geschichte endet!
Überlege zuerst immer, wie die Geschichte beginnt!

Schreibt rechts in den Rahmen, welche Ratschläge ihr Christine noch geben würdet!

Wer ist der Schuldige?
(Gestaltungsideen entwickeln)

Beate hat sich zu den sechs Bildern der Bildergeschichte Wörter aufgeschrieben. Lies sie durch und besprich dich mit deinem Partner!

aufeinander einschlagen, kämpfen, raufen, prügeln, um eine Sache streiten ...

beschuldigen, verpetzen, weinen, interessiert zuhören, Rache schwören ...

beschuldigen, aufeinander wütend zugehen, verdächtigen, drohen, heimzahlen ...

diskutieren, argumentieren, anbrüllen, Schuld zuweisen, verdächtigen

am Kragen packen, unterstellen, aggressiv werden, interessiert zuschauen ...

aufeinander einschlagen, die Fäuste sprechen lassen, ruhig spielen, sich verstehen

Welche Wörter und Begriffe gehören deiner Meinung nach noch zu den Bildern. *Schreibe sie auf!*

Bild 1: _____

Bild 2: _____

Bild 3: _____

Bild 4: _____

Bild 5: _____

Bild 6: _____

| DEUTSCH | NAME: _____ | DATUM: _____ | NR. ___ |

Die Bengel - Engel
(Gestaltungsideen entwickeln)

Benni kann sich nicht entscheiden, welche Überschrift er für seine Bildergeschichte verwenden soll.

Notiert auf Block euere Vorschläge und schreibt die besten fünf in die Kästchen!

Benni hat nun folgende Geschichte zu den Bildern geschrieben.
Lest sie durch und diskutiert seinen Vorschlag!
a) Was ist in der Geschichte gut gelungen?
b) Was könnte man verbessern?

Hans und Peter sind sich wegen eines kaputten Spielzeugautos in die Haare geraten. Wild schlagen sie aufeinander ein. Heulend und voller Tränen rennt Hans zu seinem Vater. „Peter hat mich geschlagen! Er hat mein Auto kaputt gemacht! Zahl's ihm heim!" tobt er.

Kurze Zeit später kommen sich Väter und Söhne wutentbrannt entgegen. Hans zeigt mit dem Finger auf Peter: „Er war's!" Gegenseitig brüllen sich die beiden Väter an. Sie beschimpfen und bedrohen sich. Wer Schuld ist, kann nicht geklärt werden. Schweigend beobachten die Jungen die Auseinandersetzung, die immer lauter wird. Schließlich schlagen die Prügel-Papas zu.

Während die beiden Väter sich die Fäuste geben, geben sich die Jungen die Hände. Die Ex-Streithähne haben sich versöhnt und spielen friedlich miteinander mit Murmeln. Aus Bengeln sind Engel geworden!

Verfasst nun selbst eine ähnliche Geschichte!

| DEUTSCH | NAME: _____ | DATUM: _____ | NR. ___ |

Eine „Streng geheim -Geschichte"
(Freie Texte zu Bildern schreiben)

Hinter dieser schweren Türe verbirgt sich ein Geheimnis. Wenn du die Tür öffnest, erfährst du es!

hier den Türrahmen einritzen!

hier den Türrahmen einritzen!

hier den Türrahmen einritzen!

| DEUTSCH | NAME: _____ | DATUM: _____ | NR. ___ |

Eine „Streng geheim -Geschichte"
(Freie Texte zu Bildern schreiben)

Schreibt in den Rahmen die „Streng geheim-Geschichte" und klebt das Deckblatt mit der Geheimtüre oben drauf! Schneidet vorher den Türrahmen so auf, dass sich die Tür öffnen lässt!

| DEUTSCH | NAME: _____ | DATUM: _____ | NR. ___ |

Kinderflohmarkt - was fällt uns dazu ein?
(Cluster erstellen)

Sammelt ganz einfach nur alle Ideen und Gedanken zum Bild in der Mitte. Ihr braucht weder ordnen noch gewichten. Schreibt einfach nur auf, was euch dazu einfällt! Macht das Clustering in der Gruppe: Jeder kann dem Gruppensprecher seine Idee mitteilen. Er soll sie dann rund um das Bild eintragen! Viel Spaß!

Versprechen muss man halten!
(Einen Mustertext für eigene Gestaltungsversuche nützen)

Folgende Sätze kannst du zur Erstellung deiner Geschichte verwenden. Nütze die wörtliche Rede, die Gedanken der Mutter und die Mustersätze. Baue sie in deinen Aufsatz sinnvoll ein!

Tagelang hatte ich nur noch einen Wunsch.

„Bitte, bitte, Mama, darf ich zu Tommis Geburtstagsparty? bohrte ich immer wieder.

Mama stellte eine Bedingung: „Wenn du dein Zimmer aufräumst, kannst du zusagen!"

Voller Freude stimmte ich zu.

Noch am gleichen Tag ermahnte mich meine Mutter:
„Bevor du heute Nachmittag zu Tommi gehst, musst du dein Versprechen einlösen!"

„Ja, ja! Ich mach das gleich nach der Schule!", entgegnete ich.

Mittags dachte ich nur noch an das Geschenk für Tommi.

Eilig lief ich aus dem Haus.

Als ich abends nach Hause kam, stand Mutter an der Tür. Sie sagte kein Wort.

Beschämt schlich ich in mein Zimmer. Sofort begann ich mit den Aufräumarbeiten!

Auf großer Fahrt!
(Einen Dialog zu einem Bild schreiben)

Markus fährt mit seinen Eltern im Zug in den Urlaub.
Schreibt zu dem Bild unten in wörtlicher Rede, was Markus und seine Eltern sprechen könnten!
Was wird Markus draußen wohl entdeckt haben?

Mutter meint: *Vater entgegenet:*

Markus erklärt:

Schreibt nun die Szene im Zug mit einem kurzen Dialog richtig auf!

| DEUTSCH | NAME: _____ | DATUM: _____ | NR. ___ |

Heiße Geschichten ums Eis
(Situationen sehen und dazu Geschichten schreiben)

Schreibe zu einem der beiden Bilder unten eine spannende und lustige Geschichte. Die Wortsammlungen helfen dir dabei! Fülle die Sprech- und Denkblasen!

Die Letzte wird die Erste sein!

heißer Sommertag - Schwimmbad brechend voll - Eisverkäufer -
lange Warteschlange - Heißhunger auf Eis -
kleine Susi - kleiner Thomas - Trick - Hitzschlag - um Hilfe schreien -
Erwachsene - freundlich - helfen - große Portion - Eis schlecken - fröhlich

Eine Eiskugel für Fipsi!

heißer Sommertag
30 Grad im Schatten
Fabian - Eis kaufen - Parkbank
plötzlich - fremder Hund - Fipsi
Männchen machen -
Bitte sagen
winseln - schwitzen -
Eiskugel schnappen -
schlecken -
mit der Zunge schnalzen
Freunde werden

| DEUTSCH | NAME: _____ | DATUM: _____ | NR. ___ |

Mit dem Hausboot unterwegs
(Zu einem Bild schreiben)

Familie van Hoogdaalen macht in Holland auf einem Hausboot Urlaub. Hund Caesar, Ruudi und Mareike spielen an Deck. Plötzlich rufen sie aufgeregt Mutter und Vater. Vor ihnen taucht ein riesengroßes Hindernis auf. Sie brüllen: „Schnell Pa, schnell Ma, da ...."

1. Auf was machen die Kinder ihre Eltern aufmerksam?
2. Welche Gefahr könnte von dem Hindernis für das Boot ausgehen?
3. Könnt ihr die Geschichte weitererzählen?
4. Schreibt euren Vorschlag in der Gruppe auf!
5. Tragt eure Vorschläge vor und diskutiert sie!
6. Ist das, was ihr schreibt, logisch - oder übertrieben?

| DEUTSCH | NAME: _____ | DATUM: _____ | NR. ___ |

„Komm bitte bald wieder aus dem Krankenhaus!"
(Absicht und Adressat berücksichtigen)

Die Klasse 3a schreibt an ihren Mitschüler Markus einen Brief ins Krankenhaus:

Lieber Markus!

Schade, dass du nun schon sieben Tage krank bist und im Unterricht fehlst! Gerne teilen wir dir mit, was wir im Unterricht erledigt haben. In Deutsch übten wir die Nachschrift „Wettschwimmen", schrieben eine Kurzprobe über Vorsilben und lasen die Geschichte vom Froschkönig. Heute haben wir in Mathe schon Tausender-Zahlen abgezogen, dazugezählt und verglichen. Aber in Sachkunde hatten wir den absoluten Renner: den Stammbaum! Wir lernten frühere Generationen kennen und brachten Fotos mit. Alle lachten über Andi, als er noch Pampers hatte. Die Urgroßmütter hatten lustige Namen, z. B. Emilie, Rosina und Genoveva. Zum Schluss hatte Ur-Opa keine Mutter mehr, weil auf dem Arbeitsblatt zwei Zeilen fehlten! Ha, ha!

Die Hausaufgaben schreiben wir dir auf ein Blockblatt. Hoffentlich bist du nächste Woche wieder zu Hause! Wir freuen uns, wenn du wieder bei uns bist!

Deine Klasse 3a

1. Wer schreibt den Brief?
2. An wen geht der Brief?
3. Warum schreibt die Klasse 3a den Brief an Markus?
4. Worüber schreibt die Klasse 3a?
5. Interessiert Markus der Briefinhalt?
6. Was könnte die 3a noch schreiben?
7. Was könnte Markus noch interessieren?

Nachdenk-und Vermute-Aufgaben:

An wen und mit welcher Absicht sind folgende Kurzbriefe geschrieben?

1. Kurzmitteilung:

Liebe ...... !
Ich komme am Freitag mit dem Intercity 344 - Johann Strauß um 18.10 Uhr in Frankfurt - Hauptbahnhof an. Bitte ...

2. Kurzmitteilung:

Sehr geehrte Frau .... !
leider habe ich gestern vergessen, das Buch in der Bibliothek rechtzeitig zurückzugeben. Bitte ...

3. Kurzmitteilung:

Hallo, Susi! Ich bin noch schnell zum Frisör. Habe den Schlüssel unter die Fußmatte gelegt! Bitte stelle sofort ....

4. Kurzmitteilung:

Liebe ..... ! Gerne komme ich nächsten Samstag zu deiner Party. Ich weiß aber noch nicht, wie ....

| DEUTSCH | NAME: _____ | DATUM: _____ | NR. ___ |

„Werde bald wieder gesund!"
(Absicht und Adressat berücksichtigen)

Felix war heute vormittags nicht in der Schule. Peter schreibt ihm ein paar nette Zeilen nach Hause:

Lieber Felix!
Schade, dass du heute nicht in der Schule warst! In TA/W haben wir einen Schal gehäkelt. Es schaut ganz schwierig aus, aber es ist recht einfach – wenn man es kann. In Mathe haben wir das schriftliche Abziehen mit Zehner und Hundertern geübt. Stell dir vor, wir müssen 10 Kästchen als Hausaufgabe rechnen. Die Buchseite und die Nummern schreibe ich dir hier auf: Mathebuch Seite 34, Nr. 1, 2, 3 und 4.
Ich hoffe, du bist bald wieder fit!

dein Banknachbar
Peter

1. Wer schreibt den Brief?
2. An wen geht der Brief?
3. Warum schreibt Peter den Brief an Felix?
4. Worüber schreibt Peter?
5. Interessiert Felix der Briefinhalt?
6. Was könnte Peter noch schreiben?
7. Was könnte Felix noch interessieren?

Arbeitsaufgabe:
Wenn du einen Brief schreibst,
denke an die genaue **Adresse**:

Name:
Vorname:
Straße:
PLZ Ort:

denke an den
Absender:

Name:
Vorname:
Straße:
PLZ Ort:

| DEUTSCH | NAME: _____ | DATUM: _____ | NR. ___ |

„Werde bald wieder gesund!"
(Absicht und Adressat berücksichtigen)

Warum Ludwig aus der Klasse 3b einen Brief an Erich schreibt, hat einen wichtigen Grund. Kannst du diesen Grund herausfinden?

Lieber Erich!
Es ist traurig, dass du nicht mehr in unserer Klasse bist. Ich habe mit dir einen netten Banknachbarn verloren.
Gestern waren wir im Museum. Wir haben alte Fahrräder gesehen. Es war sehr interessant! Wie gefällt es dir in deiner neuen Schule? Hast du schon Freunde gefunden? Schreibe mir bitte recht bald!
Auf deinen Brief freut sich schon die ganze Klasse.
Viele Grüße
dein Ludwig (aus der 2. Bank)

1. Wer schreibt den Brief?
2. An wen geht der Brief?
3. Warum schreibt Ludwig den Brief an Erich?
4. Worüber schreibt Ludwig?
5. Interessiert Erich der Briefinhalt?
6. Was könnte Ludwig noch schreiben?
7. Was könnte Erich noch interessieren?

Sofort antwortet Erich seinem ehemaligen Mitschüler Ludwig:
Lieber Ludwig!
Über deinen Brief habe ich mich sehr gefreut. Toll, dass ihr mich nicht vergessen habt! Richte alle lieben Grüße an meine ehemaligen Mitschüler, besonders an Toni, Georg und Richard!
Jetzt will ich deine Fragen gerne beantworten. Am Samstag war ich mit meinen Eltern auf dem Olympiaturm. Man hat über die ganze Stadt gesehen, die Sicht war wunderschön! In der Ferne sah man die Zugspitze. Schon dreimal war ich bei Bernd, meinem neuen Freund, eingeladen. Wir verstehen uns gut. Wir tauschen Pokemon-Karten und spielen zusammen am Computer. Mir gefällt es ganz gut in meiner Schule. Aber leider bin ich morgens und mittags fast eine Stunde mit dem Schulbus unterwegs.
Viele Grüße
dein Erich

Schreibt nun selbst einen kleinen Brief an ....

a) Wer soll der Adressat sein? _____
b) Warum schreibst du an diese Person? _____

| DEUTSCH | NAME: _____ | DATUM: _____ | NR. ___ |

„Frau Wimmer ist krank, bitte weitersagen!"
(Eine Information weitergeben)

Frau Wimmer, die Klassleiterin der 3a, ist plötzlich erkrankt. Da am nächsten Tag die letzten beiden Stunden ausfallen, informiert Schulleiter Jürgens Frau Huber. Sie ist die Klassenelternsprecherin. Sie soll in einem telefonischen Rundruf alle Eltern über den vorzeitigen Unterrichtsschluss informieren.
Was wird sie sagen?

_____
_____
_____
_____
_____

Am nächsten Morgen kommt Thomas in die Schule. Er weiß noch nichts von der Krankheit seiner Lehrerin. *Wie informierst du ihn?*

_____
_____
_____
_____
_____

Klassensprecher Klaus wird von Herrn Jürgens, dem Schulleiter, gleich um 8 Uhr früh zum Busfahrer geschickt, um ihm etwas Wichtiges mitzuteilen.
Was wird Klaus dem Busfahrer von Herrn Jürgens ausrichten müssen?

_____
_____
_____
_____
_____

| DEUTSCH | NAME: _____ | DATUM: _____ | NR. ___ |

Eine Bitte an den Bürgermeister!
(Einen Wunsch äußern)

Die Theatergruppe der Grundschule Grünwald spielt jedes Jahr zwei Stücke. Meist gestalten die Kinder ein Weihnachtsspiel und am Ende des Schuljahres ein großes Theaterfest mit Musik und Tanz. Leider ist die Lautsprecheranlage sehr schlecht. Auch mit der Beleuchtung sind die Kinder nicht zufrieden. Der Betrag, den sie durch Aufführungen von den Eltern sammelten, reicht für eine Neuanschaffung nicht aus. Deshalb schreiben sie an den Bürgermeister.

1. Wie würdet ihr an den Bürgermeister schreiben?
2. Was schreibt ihr, damit der Bürgermeister Verständnis für euer Problem aufbringt?
3. Was schreibt ihr, damit euch der Bürgermeister hilft?
4. Ist es gut, wenn ihr gleich über die Höhe des Zuschusses schreibt?
5. Wie könnt ihr den Bürgermeister für euer Anliegen gewinnen?

Schreibt nun einen Entwurf, der den Bürgermeister überzeugt, euch zu helfen!

Sarah hat folgenden Entwurf verfasst:
Lieber Herr Bürgermeister! Wir spielen jedes Jahr zwei wunderschöne Theaterstücke. Unsere Eltern und wir sind begeistert. Leider summen unsere Lautsprecher vor lauter Altersschwäche. Auch die Theaterlampen sind fast alle kaputt. Von fünf funktionieren nur noch zwei. Deshalb haben wir schon Geld gesammelt, um neue zu kaufen. Aber es reicht nicht. Wir bitten Sie sehr herzlich, uns zu helfen. Wir laden Sie zu unserer nächsten Aufführung „Die kleine Mo-Mi-Maus" am Freitag um 10 Uhr in die Schulaula ein. Dürfen wir Ihnen dann alles zeigen? Mit feundlichen Grüßen Sarah

Vorsicht, Lebensgefahr!
(Einen Aufruf verfassen - für eine Aktion werben)

Immer wieder passieren im Haushalt Unfälle mit Strom. Meist ist die Unbedachtsamkeit der Grund für schwere und sogar tödliche Verletzungen. Deshalb haben Hans und Ute wichtige Verhaltensregeln zusammengeschrieben. Hier sind sie:

1. Führe niemals Versuche mit Strom aus der Steckdose durch!
2. Schraube und bastle nicht an elektrischen Geräten, Schaltern oder Steckdosen!
3. Berühre keine abgerissenen Kabel oder Drähte!
4. Schalte elektrische Geräte nie ein, wenn du feuchte Hände hast oder auf nassem Fußboden stehst!
5. Benütze in der Badewanne keine elektrischen Geräte!
6. Schalte bei Stromunfällen zuerst den Strom ab oder ziehe den Stecker heraus, bevor du hilfst!

Arbeitsaufgaben:
1. Wählt aus den sechs Verhaltensregeln eine wichtige Regel aus!
2. Formuliert die gewählte Verhaltensregel noch kürzer!
3. Schreibt sie so kurz, dass sie als Aufruf auf eine Briefmarke passt!
   z. B. Hände weg von kaputten Kabeln!
4. Gestaltet mit Bild und Text die unten abgebildete Briefmarke mit einem Aufruf zur Vorsicht im Umgang mit Strom!

DEUTSCH

Wörtliche Reden - zu welchem Bild passen sie?

„Schaut, dort steht ein Esel an der Windmühle!"
„Hurra, das macht Spaß! Ich rutsche nochmals!"
„Vielen Dank! Aber ihr braucht mir doch kein Geschenk bringen!"
„Mach dich nicht so schwer, Oskar! Ich will nicht immer oben sitzen!"
„Dieses Jahr habe ich so lange nach dem Nest suchen müssen."
„Hört, Kinder! Bei Rot bleibt ihr immer stehen!"

DEUTSCH NAME: _____ DATUM: _____ NR. ___

Lösung: Wörtliche Reden - zu welchem Bild passen sie?

„Vielen Dank! Aber ihr braucht mir doch kein Geschenk ins Krankenhaus bringen!"

„Dieses Jahr habe ich so lange nach dem Nest suchen müssen. Endlich hab ich es!"

„Hört, Kinder! Bei Rot bleibt ihr immer stehen!"

„Mach dich nicht so schwer, Oskar! Ich will nicht immer oben sitzen!"

„Schaut, Papa und Mama, dort steht ein Esel an einer alten Windmühle!"

„Hurra, das macht Spaß! Ich rutsche gleich nochmals, so schön ist es!"

| DEUTSCH | NAME: _____ | DATUM: _____ | NR. ___ |

Was Kinder einmal werden möchten!
(Die wörtliche Rede richtig einsetzen)

Sebastian, Tobias und Tanja unterhalten sich über ihre späteren Berufe.
Das wollen die Kinder einmal werden:

SEBASTIAN	TOBIAS	TANJA

1. Vervollständigt die drei Sätze!

Sebastian will _____

Tobias will _____

Tanja will _____

2. Unterstreicht im folgenden Gespräch
a) die wörtliche Rede rot   b) den Begleitsatz blau!

Sebastian fragt: „Warum willst du Astronaut werden?"
„Ich möchte unbedingt einmal den Jupiter erforschen!", entgegnet Tobias.
„Du bist ein Angeber!", meint Tanja.
Tobias will wissen: „Warum möchtest du später einmal Model werden?"
Tanja verteidigt sich: „Da verdienst du eine Menge Geld und kommst überall in der Welt herum!"
„Das ist mir zu stressig!", erwidert Sebastian.
Tanja macht sich lustig: „Und du gehst den ganzen Tag nicht aus dem Haus!"
Sebastian sagt trocken: „Ja, ich bleib den ganzen Tag im Haus, im Krankenhaus. Gute Ärzte braucht man in jeder Stadt - und ich kann vielen helfen!"
„Keinen Streit!", mischt sich Tobias ein, „in ein paar Jahren habt ihr sicher wieder eine andere Meinung."

3. Welche Satzzeichen stehen zwischen Begleitsatz und wörtlicher Rede?

Merke:

Begleitsatz :   „ Wörtliche Rede (?!.)"
„Wörtliche Rede (?!.)"   ,   Begleitsatz

| DEUTSCH | NAME: _____ | DATUM: _____ | NR. ___ |

Lösung: Was Kinder einmal werden möchten!
(Die wörtliche Rede richtig einsetzen)

Sebastian, Tobias und Tanja unterhalten sich über ihre späteren Berufe. Das wollen die Kinder einmal werden:

SEBASTIAN	TOBIAS	TANJA

1. Vervollständigt die drei Sätze!
Sebastian will *später einmal Facharzt werden.*
Tobias will *später einmal Astronaut werden.*
Tanja will *später einmal Model werden.*

2. Unterstreicht in folgendem Gespräch
a) **die wörtliche Rede mit rotem Stift,**
b) den Begleitsatz mit blauem Stift!

Sebastian fragt: „**Warum willst du Astronaut werden?**"
„**Ich möchte unbedingt einmal den Jupiter erforschen!**", entgegnet Tobias.
„**Du bist ein Angeber!**", meint Tanja.
Tobias will wissen: „**Warum möchtest du später einmal Model werden?**"
Tanja verteidigt sich: „**Da verdienst du eine Menge Geld und kommst überall in der Welt herum!**"
„**Das ist mir zu stressig!**", erwidert Sebastian.
Tanja macht sich lustig: „**Und du gehst den ganzen Tag nicht aus dem Haus!**"
Sebastian sagt trocken: „**Ja, ich bleib den ganzen Tag im Haus, im Krankenhaus. Gute Ärzte braucht man in jeder Stadt - und ich kann vielen helfen!**"
„**Keinen Streit!**", mischt sich Tobias ein, „**in ein paar Jahren habt ihr sicher wieder eine andere Meinung.**"

3. Welche Satzzeichen stehen zwischen Begleitsatz und wörtlicher Rede?

Merke:

| Begleitsatz : | „ Wörtliche Rede (?!.)" |
| „Wörtliche Rede (?!.)" , | Begleitsatz |

| DEUTSCH | NAME: _____ | DATUM: _____ | NR. ___ |

Wer traut sich vom 3 m - Brett?
(Ausrufesätze machen Geschichten lebendig)

Endlich ist das Freibad wieder offen. Die Sonne scheint heiß vom Himmel und die Kinder haben großen Spaß am und im Schwimmbecken. Als die Kinder auf dem 3m-Brett stehen, wird einigen mulmig im Bauch.

Tobias Otto Timmi Anna   Pia Tom Edi

1. Schreibt in die Denk- und Sprechblasen, was die Kinder sagen!
2. Schreibt eure Denk- und Sprechblasentexte als wörtliche Rede mit Begleitsatz ins Heft, z. B. **Tobias stöhnt: „ O weh, ich bin als Erster dran!"** ...

| DEUTSCH | NAME: _____ | DATUM: _____ | NR. ___ |

Lösung: Wer traut sich vom 3 m - Brett?
(Ausrufesätze machen Geschichten lebendig)

Endlich ist das Freibad wieder offen. Die Sonne scheint heiß vom Himmel und die Kinder haben großen Spaß am und im Schwimmbecken. Als die Kinder auf dem 3m-Brett stehen, wird einigen mulmig im Bauch.

„Hoffentlich sperrt vor mir der Bademeister den Sprungturm!"

„Turmspringen ist eigentlich Buben-Sache!"

„Wenn Tobias springt, traue ich mich auch!"

„Mir macht es nichts aus. Ich bin schon oft hier runtergesprungen!"

„O weh, ich bin als Erster dran!"

„Irgendwie werde ich schon unten landen!"

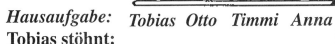

Tobias Otto Timmi Anna Pia Tom Edi

Hausaufgabe:

Tobias stöhnt:
„O weh, ich bin als Erster dran!"

Otto überlegt:
„Wenn Tobias springt, traue ich mich auch!"

Timmi wünscht:
„Hoffentlich sperrt vor mir der Bademeister den Spruungturm!"

Anna schimpft:
„Turmspringen ist eigentlich Buben-Sache!"

„Wenn keiner springen will, dann will ich auch nicht!"

Pia meint: „Mir macht es nichts aus. Ich bin schon oft hier runtergesprungen!"
Tom flüstert: „Irgendwie werde ich schon unten landen!"
Edi weint: „Wenn keiner springen will, dann will ich auch nicht!"

| DEUTSCH | NAME: _____ | DATUM: _____ | NR. ___ |

„Schau, so ein schöner Schneemann!"
(Ausrufe und Fragen machen Geschichten lebendig)

Es hat geschneit. Draußen liegt frischer Schnee. Walter baut mit seinen Freunden einen Schneemann. Darüber erzählt er eine kleine Geschichte:

Gestern hat es endlich geschneit. Wir Kinder stürmten hinaus. Ich schlug Karola, Gabi und Jürgen vor, einen großen Schneemann zu bauen. Karola meinte, wir müssten dazu zwei große Schneekugeln rollen. Gabi wollte wissen, ob wir auch zwei Kohlen und eine große Karotte haben. Jürgen hatte noch nie einen Schneemann gebaut und fragte ganz verwirrt, wozu wir das brauchen. Gabi klärte Jürgen auf, dass Kohlen und Karotten für die Augen und die Nase des Schneemanns gebraucht werden. Schließlich suchte ich in der Garage einen alten Hut und einen Besen. Ich war der Meinung, dass ein schöner Schneemann unbedingt einen alten Hut braucht.

Während die Kinder ihren Schneemann bauen, verwenden sie Ausrufe und Fragen. Tragt sie ein!

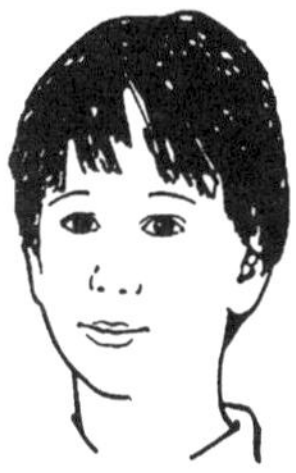

Walter:

Karola:

Gabi:

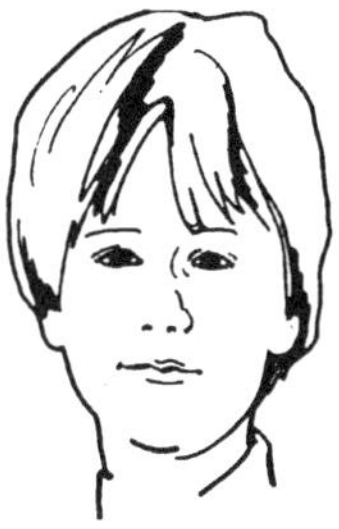

Jürgen:

Gabi:

Walter:

„Schau, so ein schöner Schneemann!"
(Ausrufe und Fragen machen Geschichten lebendig)

Es hat geschneit. Draußen liegt frischer Schnee. Walter baut mit seinen Freunden einen Schneemann. Darüber schrieb er eine kleine Geschichte:

Hurra, gestern hat es endlich geschneit! Wir Kinder stürmten sofort hinaus. Ich rief Karola, Gabi und Jürgen zu: „Wollt ihr einen großen Schneemann bauen?" Karola war begeistert: „Wir müssen dazu zwei große Schneekugeln rollen!"
Schnell wurden unsere Schneekugeln immer größer. Wir legten sie aufeinander: die große unten, die kleine oben!
Gabi fragte: „Habt ihr auch zwei Kohlen und eine große Karotte dabei?"
Jürgen hatte noch nie einen Schneemann gebaut und fragte ganz verwirrt:
„Wozu brauchen wir das?"
Gabi klärte Jürgen auf: „Die Kohlen gehören für die Augen und die Nase des Schneemanns besteht schließlich aus einer Karotte." In der Garage fand ich noch einen alten Hut. „Ein schöner Schneemann braucht unbedingt einen alten Hut!", meinte ich und drückte Mister Dickmann noch einen Besen an den Bauch.

Walter:
Kommt, Freunde!
Wir wollen einen großen Schneemann bauen!
Wollt ihr mitmachen?
Ich habe schon eine Idee!

Karola:
Damit er schön groß wird,
brauchen wir zwei große Schneekugeln!

Gabi:
Habt ihr auch
zwei Kohlen
und eine Karotte?

Jürgen:
Wozu brauchen wir
Kohlen und eine
Karotte?

Gabi:
Zwei Kohlen brauchen
wir für die Augen. Als
Nase gibt es eine Karotte!

Walter:
Schaut, ein alter Besen!
Und einen Hut habe ich
auch gefunden! Klasse!

| DEUTSCH | NAME: _____ | DATUM: _____ | NR. ___ |

So ein Pech!
(Sich für eine Zeitstufe entscheiden)

Maxi hat zu obiger Überschrift folgende Geschichte geschrieben:

„Mittwoch nachmittags gehe ich wie immer zum Fußball-Training. Mit meinen Freunden übte ich das Zusammenspiel. Wir schießen Eckbälle und Elfmeter, lernten Kopfbälle und Einwürfe und trainieren das Kurzpass-Spiel. Oft schob mir ein Mitspieler den Ball zu. Ich gebe dann die Lederkugel zurück. Plötzlich knickte ich mit dem linken Fuß um. Ich verspüre einen stechenden Schmerz. Mit einem lauten Schrei fiel ich zu Boden. Mein Trainer kommt sofort zu Hilfe. Er fragt: „Maxi, wo tut's weh?" Ich zeigte auf meinen Knöchel. Mensch, war der angeschwollen!"

1. Was könnte man in Maxis Geschichte besser machen? Markiert es mit roter Farbe!
2. Welche Zeitstufe passt besser zu dieser Geschichte?
3. Schreibt unten in den Lückentext folgende Zeitwörter: lernten - schossen - ging - übte - zeigte - kam - fiel - trainierten - schob - knickte - gab - verspürte - fragte

„Mittwoch nachmittags _____ ich wie immer zum Fußball-Training.

Mit meinen Freunden _____ ich das Zusammenspiel.

Wir _____ Eckbälle und Elfmeter,

_____ Kopfbälle und Einwürfe und _____ das Kurzpass-Spiel.

Oft _____ mir ein Mitspieler den Ball zu.

Ich _____ dann die Lederkugel zurück.

Plötzlich _____ ich mit dem linken Fuß um.

Ich _____ einen stechenden Schmerz.

Mit einem lauten Schrei _____ ich zu Boden.

Mein Trainer _____ sofort zu Hilfe.

Er _____ : „Maxi, wo tut's weh?"

Ich _____ auf meinen Knöchel. Mensch, war der angeschwollen!"

4. Malt die passenden Wortkärtchen in der jeweils gleichen Farbe aus!

kennen	hielt	treffen	half	liegen	fehlte
halten	traf	kannte	lag	fehlen	helfen

| DEUTSCH | NAME: _____ | DATUM: _____ | NR. ___ |

Hilfe im Haushalt
(Sich für eine Zeitstufe entscheiden)

Sonja erzählt, wie sie gestern Mutter beim Abwasch half:

*Gestern **half** ich Mutti beim Abwaschen.*
*Ich **trocknete** alle Teller **ab**.*
*Bald **war** das Geschirrtuch ganz nass.*
*Ich **nahm** ein neues aus dem Schrank.*
*Das Geschirr **räumte** ich in das Küchenregal.*
*Löffel, Gabeln und Messer **legte** ich in die Schublade.*
*Schnell **wischte** ich die Herdplatte **ab**.*
*Zum Schluss **gab** mir Mutti einen Kuss.*
*Sie **freute** sich: "Vielen Dank für die Hilfe!"*

1. Unterstreicht alle Zeitwörter mit roter Farbe!
2. In welcher Zeitstufe stehen die Zeitwörter -Gegenwart oder 1. Vergangenheit?
3. Mutter würde sich sehr freuen, wenn Sonja öfters ihr beim Abwaschen helfen würde. Schreibt den Lückentext unten in der Gegenwart!

Jeden Tag _____ ich Mutti beim Abwaschen.

Ich _____ alle Teller ab. Bald _____ das Geschirrtuch ganz

nass. Ich _____ ein neues aus dem Schrank.

Das Geschirr _____ ich in das Küchenregal.

Löffel, Gabeln und Messer _____ ich in die Schublade.

Schnell _____ ich die Herdplatte ab. Zum Schluss _____ mir

Mutti einen Kuss. Sie _____ sich: "Vielen Dank für die Hilfe!"

4. Malt die passenden Wortkärtchen in der jeweils gleichen Farbe aus!

drohen	steckte	schütteln	verglich	glauben
glaubte	drohte	vergleichen	stecken	schüttelte

5. Streicht das Zeitwort, das nicht in die Reihe passt, weg!

    sagen - sägen - sagte - sagten   lief - laufen - legte - liefen
    lagen - liegen - lassen - liegt   schlief - schlafen - schob - schliefen
    sitzen - setzten - saßen - saß   schrieb - schrieben - schreiben - scheien

| DEUTSCH | NAME: _____ | DATUM: _____ | NR. ___ |

Tiere erraten
(Treffende Eigenschaftswörter wählen)

Simon schreibt besonders gerne Tier-Rätsel.
Hier kannst du einige lesen!

Gesucht ist: ☐

Mein gesuchtes Tier ist besonders schlau. Es hat ein rötliches Fell und einen buschigen Schwanz. Es kommt im grünen Wald vor und lebt in tiefen Erdhöhlen. Gerne holt sich der gerissene Meister Reineke, so nennen ihn die alten Fabel-Dichter, fette Beute aus dem nahen Hühner- und Gänsestall. Leider ist mein gesuchtes Tier oft von gefährlicher Tollwut befallen. Dann muss es vom Jäger getötet werden.

Gesucht ist: ☐

Mein gesuchtes Tier hat eine lange, spitze Nase. Wenn es Hunger hat, piepst es laut. Mit seinen runden Ohren kann es gut hören. Es ist fast so flink wie ein Hase, aber viel kleiner. Es ist sogar so klein, dass es im kleinsten Loch verschwinden kann. Seine liebste Speise ist schmackhafter Käse aller Art. Sein größter Feind ist die gefährliche Katze.

Gesucht ist: ☐

Mein gesuchtes Tier lebt nicht im kalten Europa, sondern im warmen Afrika. Es hat große, breite Ohren und einen langen Rüssel. Es lebt als gemütliches Herdentier in der heißen Savanne. Wenn man diesen gewaltigen Vierbeiner aber aus der Ruhe bringt, kann er ganz schön ungemütlich werden. Einen nahen Verwandten von ihm gab es aber auch in Europa. In der Eiszeit lebte bei uns das bekannte Mammut.

1. Unterstreicht alle Eigenschaftswörter in grüner Farbe!
2. Schreibt die Lösungswörter jeweils oben ins Kästchen!
3. Schreibt unten zu den Tieren jeweils 5 treffende Eigenschaftswörter!

DEUTSCH NAME: _____ DATUM: _____ NR. ___

Tier-Rätsel

Beschreibt euer Lieblingstier mit möglichst vielen treffenden Eigenschaftswörtern!

| DEUTSCH | NAME: _____ | DATUM: _____ | NR. ___ |

Fehlerhaftes und Falsches
(Treffende Zeitwörter wählen)

Tobias hat seinen Lieblingswitz aufgeschrieben. Leider fehlen die Zeitwörter.
Kannst du sie ersetzen?

Ein Hund _____ auf der Straße einem zweiten.

Zuerst _____ sie sich und _____ sich

einen guten Tag.

Der erste _____ :"Wau - wau!"

Der andere _____ :"Kikeriki!"

Der erste Hund _____ ihn erstaunt _____ .

Da _____ der zweite: „Tja, Fremdsprachen muss man eben können!"

(Lösungswörter: wünschten - begrüßten - begegnete - krähte - blickte an - meinte - bellte)

1. Vergleicht eure gefundenen Zeitwörter:
a) Welche passen besser?   b) Warum passen manche Zeitwörter besser? Begründet!

Tobias erzählt einen zweiten Witz. Diesmal findest du mehrere mögliche Zeitwörter.
Streiche Zeitwörter, die nicht so gut passen, durch!
Peter hat seine kranke Lehrerin **aufgesucht - besucht - gefunden - gefragt**.
Als er ihr Haus **beendet - verlässt - meidet - nicht findet**,
sitzen - warten - laufen - spielen schon ein paar Klassenkameraden davor.
Sie wollen **erkunden - erfahren - wissen - verneinen**,
wie es ihrer Lehrerin **ergeht - zumute ist - geht - geschieht**.
„Es gibt keine Hoffnung mehr", **stammelt - weint - meint - plaudert** Peter betrübt.
„Sie **rennt - kommt - verpasst - fährt** morgen wieder in die Schule."

2. Welches Wort passt nicht in die Reihe. Streiche es durch!
fragen - plaudern - brüllen - anfauchen - flüstern - verlaufen - versprechen
sagen - sprechen - erklären - antworten - erwidern - stolpern - lispeln
erzählen - berichten - glotzen - tuscheln - jammern - mahnen - mitteilen
schauen - erkennen - verteidigen - sehen - blinzeln - gucken - starren
springen - verschlucken - kauen - beißen - verspeisen - schmatzen

3. Streicht die falschen Aussagen durch!
Passende Zeitwörter   ... machen einen Text abwechslungsreicher.
                                 ... lassen eine Geschichte immer gut ausgehen.
                              ... machen einen Text spannender und abwechslungsreicher.
                                    ... verkürzen oder erweitern einen Satz.
                                ... machen jeden Satzanfang spannend und lustig.
                                 ... machen das Ende jeder Geschichte besser.

| DEUTSCH | NAME: _____ | DATUM: _____ | NR. ___ |

Witzig, witzig!
(Treffende Zeitwörter wählen)

Lauter nette Lieblingswitze hat Ludwig in seinem Witze-Heftchen aufgeschrieben. Leider fehlen einzelne Zeitwörter für „sagen". Kannst du möglichst viele andere Wörter für „sagen" einsetzen?

Drei Freunde kommen abends mit großen Beulen am Kopf nach Hause.

Der erste _____ :

"Heute war es toll. Wir waren im Schwimmbad!"

Der zweite _____ :"Sogar vom 10 m - Sprungbrett sind wir gesprungen!"

Der dritte _____ :"Und morgen wird es ganz toll. Da lassen sie Wasser ins Schwimmbecken!" (Lösungswörter: ergänzt - jubelt - prahlt)

Ludwig erzählt einen zweiten Witz. Diesmal findest du mehrere mögliche Zeitwörter. Streiche Zeitwörter, die nicht so gut passen, durch!
*Klaus ist traurig, weil ihm sein Hund **entflogen - entkommen - entlaufen - weggelaufen - verschwunden** ist. Sein Freund Fritz **rät - vertraut - verspricht - versteht - verkennt - verteilt** ihm: „Dann **sende - schicke - gib - lege - setze - stelle** doch eine Anzeige in die Zeitung!"*
*Traurig **antwortet - erwidert - meint - erklärt - berichtet** Klaus: „Das **schadet - nützt - verspricht - verhilft** doch nichts.*
*Mein Hund kann ja nicht **laufen - lesen - schlafen - weinen - winseln** !"*

Wie lassen sich diese Zeitwörter steigern? Nummeriere!

_____ sausen   _____ brüllen   _____ dösen

_____ rennen   _____ flüstern   _____ schlummern

_____ schleichen   _____ schreien   _____ einnicken

_____ stolpern   _____ stottern   _____ schlafen

_____ torkeln   _____ rufen   _____ einschlafen

_____ gehen   _____ sprechen   _____ ausruhen

_____ flitzen   _____ dröhnen   _____ entspannen

| DEUTSCH | NAME: _____ | DATUM: _____ | NR. ___ |

Aus welchen Ländern kommen wir?
(Menschen genau beschreiben)

Wir wohnen in den großen Eisregionen der Erde. Deshalb ziehen wir uns stets warm an. Mit Felljacken, warmen Mützen und festen Stiefeln schützen wir uns gegen die Kälte.
Unsere Häuser heißen Iglus. Sie sind ganz aus Eis gebaut. Im Inneren aber ist es ganz warm.
Unsere treuen Freunde sind die Huskys. Oft spannen wir sie vor unsere Schlitten. Hauptsächlich ernähren wir uns vom Fleisch der Eisbären und von Fischen. Unser Name beginnt mit dem Buchstaben „E".

Wir heißen

Versucht nun den Mann auf dem Bild rechts genauer zu beschreiben.
Folgende Wörter helfen dir dabei:
*Poncho - Pantoffel - Panflöte - Peru
Peruaner - Hochland - Anden - Lama*

| DEUTSCH | NAME: _____ | DATUM: _____ | NR. ___ |

Mia, meine Mia - die schönste Puppe der Welt!
(Dinge genau beschreiben)

Astrid hat zu Weihnachten eine neue Puppe bekommen. Sie gefällt ihr auf den ersten Blick: der wunderschöne Sonnenhut, die bunt getupfte Bluse, das karierte Kleidchen mit Schürzenschleife.

1. Male mit bestimmten Farben die Kleidung von Mia aus!
   Welche Farben hast du verwendet?
gelb - blau - rot
grün - violett - orange
türkis - rosa - grau - schwarz - weiß
hellbraun - dunkelbraun
sonnengelb - zitronengelb
himmelblau - blutrot - giftgrün

2. Welche Kleidungsstücke hat Mia?
Unterwäsche - Strümpfe
Spitzenhütchen - Trägerkleid
langärmelige Bluse
Ausgehschuhe - Schnürschuhe

3. Welche Haarfarbe hat Mia?
blond - brünett - schwarz - gefärbt

4. Welche Farbe haben die Schuhe Mias?
taubengrau - kohlrabenschwarz - weiß lackiert

5. Aus welchem Material sind sie?
Leder - Gummi - Plastik - Filz - Stoff - Wolle

6. Welche Stoffe wurden für die Kleidung Mias verwendet?
Seide - Wolle - Baumwolle - Leder - Leinen

7. Aus welchem Material ist der Hut?
Stroh - Leder - Papier - Karton - Tierhaare

8. Besteht der Puppenkopf aus Wachs, Plastik oder Porzellan?

Besondere Kennzeichen:
_____
_____
_____
_____
_____
_____
_____

| DEUTSCH | NAME: _____ | DATUM: _____ | NR. ___ |

Hilfe, mein Federmäppchen ist verschwunden!
(Dinge genau beschreiben)

Stelle dir vor, du hast dein Federmäppchen verloren! Bevor du eine Suchanzeige schreibst, solltest du folgende Fragen überlegen:

1. Welche Farbe hat es?
rot - grün - blau - gelb - violett
rosa - bunt - gestreift - getupft

2. Hat es besondere Kennzeichen?
Aufkleber - Bilder - Tiere - Pflanzen
Clowns - Schreibzeug - Reißverschluss

3. Welche Form hat es?
rund - rechteckig - quadratisch - zylinderförmig
aufklappbar - Doppelreißverschluss -
abgerundete Ecken

4. Aus welchem Material besteht es? Plastik - Leder - Gummi - Stoff
5. Wie viele Buntstifte finden darin Platz?
6. Kannst du darin Patronen, Lineal und Radiergummi aufbewahren?
7. Welche anderen Schreibwerkzeuge befinden sich im Mäppchen?
8. Wo hast du es verloren?   *9. Zahlst du einen Finderlohn?*

Arbeitsaufgabe:
Beschreibe nun den verlorenen Gegenstand und verwende dabei obige Begriffe!

MÄPPCHEN (Aussehen, Form, Farbe, Material, besondere Kennzeichen)	*ARBEITSGERÄTE* (Aussehen, Form, Farbe, Anzahl)

| DEUTSCH | NAME: _____ | DATUM: _____ | NR. ___ |

Gesucht - gefunden?
(Dinge genau beschreiben)

Karin schreibt als Suchanzeige Folgendes:
Gestern habe ich nach der Pause das Federmäppchen verloren. Es war in meiner Schultasche. Ich habe das neue Mäppchen von meiner Tante geschenkt bekommen. Im Geheimfach war sogar ein 5 Euro-Schein. Damit wollte ich das Geld für den Ausflug zahlen. Ich bin sehr traurig. Vermutlich ist es gestohlen worden!

1. Wie denkt ihr über diese Suchanzeige?
2. Welche Verbesserungsvorschläge kannst du Karin machen?

Linda hat folgende Suchanzeige verfasst:
Mein verlorenes Federmäppchen ist blau mit roten Elefanten drauf. Es hat einen Doppel-Reißverschluss und eine rechteckige Form. Die Ecken sind stark abgerundet. Innen befindet sich ein kleiner eingebauter Geldbeutel. In einer Plastikfolie ist mein Namenskärtchen. Darauf steht mein Name: Linda.

1. Warum ist Lindas Suchanzeige besser als Karins Text?
2. Welche Angaben fehlen bei Linda?

Sabines Suchanzeige sieht so aus:
Mein gesuchtes Federmäppchen ist rot-weiß gestreift, rechteckig und hat zwei Innenfächer. Wenn du den Reißverschluss aufziehst, siehst du das Stundenplanfenster, das Namenskärtchen und das Geheimfach. In den grünen Gummizügen sind die Arbeitsgeräte befestigt: 8 Buntstifte Marke Faber, 8 Faserschreiber Marke Stabilo, 2 Bleistifte und ein Füller. Neben den Patronen liegen der blaue Plastik-Spitzer und der rote Radiergummi. Bitte gib es zurück! Sabine, Telefon 67 34 55

1. Wie denkt ihr über Sabines Suchanzeige?
2. Was macht Sabines Suchanzeige erfolgversprechend?
3. Verfasst nun selbst zum abgebildeten Federmäppchen rechts eine Suchanzeige!
4. Nehmt euch ein Vorbild an Sabines Suchanzeige und nutzt ihre genauen Begriffe für die Beschreibung!

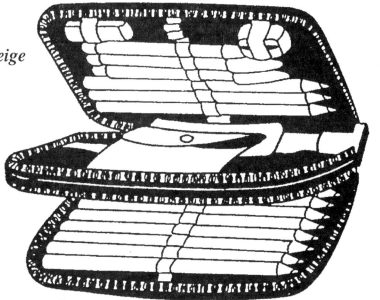

| DEUTSCH | NAME: _____ | DATUM: _____ | NR.___ |

Welche Bedeutung hat der Wald?
(Sachinformationen verständlich verfassen)

Im folgenden Sachtext über die Bedeutung des Waldes sind die Sätze durcheinander geraten. Ordnet sie in der richtigen Reihenfolge!

☐ Den Jägern und Sammlern der Altsteinzeit gab er Nahrung und Schutz.

☐ Auf seinem Boden wachsen Pflanzen, die vielen Waldtieren als Nahrung dienen.

☐ Heute hat sich die Bedeutung des Waldes geändert und erweitert.

☐ Die Menschen brauchen den Wald vor allem zu ihrer Erholung.

☐ Neben dem Rohstoff Holz versorgt er uns mit frischem Wasser und reiner Luft.

☐ In der Geschichte Deutschlands spielte der Wald schon immer eine wichtige Rolle.

☐ Später wurde er wegen seines Holzes für viele Berufe wichtig.

Schreibt nun die Sachinformation über den Wald in richtiger Reihenfolge auf!

| DEUTSCH | NAME: _____ | DATUM: _____ | NR. ___ |

Welche Bedeutung haben unsere Augen?
(Sachtexte nach genauer Beobachtung verständlich verfassen)

Unten findest du eine Zeichnung und Stichpunkte über das Auge. Thomas hat sie auf seinem Block zusammengetragen!
Kannst du darüber einen Sachtext schreiben?

Augapfel

Augenbraue
schützt vor Schweiß, der von der Stirn ins Auge rinnen kann

Augenhöhle

Das Augen-Lid schützt den Augapfel

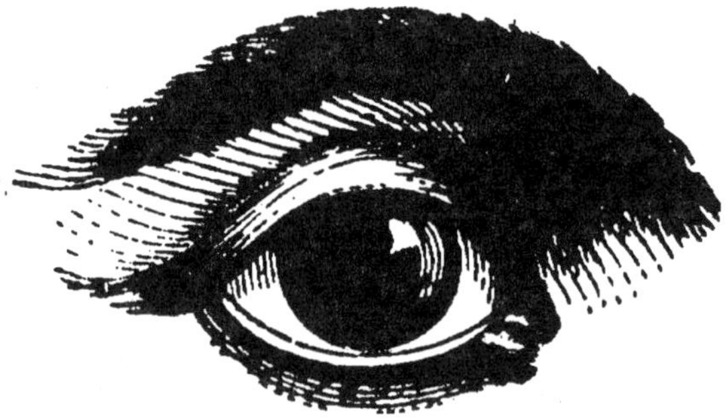

Wimpern
schützen vor Staub und Schmutz

Pupille
- *vergrößert sich bei wenig Lichteinfall*
- *verkleinert sich bei großem Lichteinfall*

Verwendet zur Sach-Niederschrift zusätzlich folgende Begriffe:
Staubwedel - Scheibenwischer - Lichtfenster - Sprungschanze

| DEUTSCH | NAME: _____ | DATUM: _____ | NR. ___ |

Versuchsanleitung: Mit einem Auge sehen können?
(Vorgänge nach genauer Beobachtung verständlich verfassen)

Wie wichtig zwei Augen für das räumliche Sehen sind, zeigt folgender Versuch:

ein weißes Blatt Papier vor sich auf den Tisch legen

einen schwarzen Punkt in die Mitte des Blattes zeichnen

sich aufrecht auf den Stuhl setzen und den Punkt betrachten

die Bleistiftspitze auf den schwarzen Punkt zu setzen versuchen

das gleiche nochmals tun, aber dabei mit der linken Hand das linke Auge zuhalten (bei Linkshändern umgekehrt!)

Schreibt nun den Vorgang des Versuchs mit Aufforderungssätzen und setzt jeweils am Ende des Satzes ein Ausrufezeichen!

| DEUTSCH | NAME: _____ | DATUM: _____ | NR. ___ |

Vom Weizenkorn zum Getreide
(Langzeitbeobachtungen notieren)

Rudi will wissen, wie aus einem Weizenkorn eine Ähre mit vielen Körnern entsteht. „Mach doch eine Langzeitbeobachtung!" rät ihm seine Mutter.

Welche Ratschläge gebt ihr Rudi?
Was braucht er zur Durchführung der Langzeitbeobachtung?
Was muss er tun?

So wird es richtig gemacht:
1. Bedecke den Boden von 6 Gläsern mit Watte!
2. Lege darauf in jedes Gefäß ca. 10 Weizenkörner!
3. Gieße Wasser auf die Watte von drei Gefäßen, lass die übrigen drei Gefäße trocken!
4. Gieße Wasser in ein Glas und lege ebenfalls 10 Weizenkörner hinein!
5. Stelle die Gefäße an folgende Standorte:
a) auf eine helle Fensterbank
b) in einen abgeschlossenen Schrank
c) in den Kühlschrank
d) wie gesagt, in ein volles Wasserglas

Arbeitsaufgaben:
1. Legt eine Tabelle an, in die ihr die Beobachtungen und Ergebnisse eintragen könnt!
   Verwendet dazu folgende Begriffe:

> *Standort:*
> *Fensterbank - Schrank*
> *Kühlschrank - Wasserglas*
> **Bedingungen:** _____
> **Gefäß-Nummer:** _____
> **Zeit (Tag, Datum):** _____
> **Ergebnis:** _____

2. Welche Bedingungen müssen letztlich erfüllt sein, dass aus dem Keimling ein Korn wird?

3. Fasst die Ergebnisse von Nr. 2 in einem Bildschema (Rahmen rechts) zusammen!

| DEUTSCH | NAME: _____ | DATUM: _____ | NR. ___ |

Wie der Strom genutzt wird!
(Stichpunkte notieren und Sachsituationen aufschreiben)

Gerti soll am Ende der HSU-Stunde eine Sach-Niederschrift verfassen. Dazu hat sie sich einige Stichpunkte notiert:

1. Moderne Schreibsysteme:
früher Handschrift, heute elektronische Schreibsysteme (EDV, PC) ...
_____

elektrische Schreibmaschine, Schreib- und Zeichenprogramme im PC ...
_____

Vernetzung: PC-Drucker, Internet, e-mail ...
_____
_____

2. Moderner Verkehr:
Elektronik in Fahrzeugen: Blinker, Startelektronik ...
_____

Stromleitungen für S-Bahnen, Züge ...
_____
_____

3. Künstliche Beleuchtung:
Strom im Haushalt: Mixer, Fön usw. ...
_____

Beleuchtung, elektrische Spiele mit TV und Konsole ...
_____
_____

Arbeitsaufgaben:
1. Um welche Begriffe könnt ihr die Stickpunkte ergänzen und erweitern?
   Besprecht euch in der Gruppe!
   Stellt eure Ergebnisse den anderen Gruppen kurz vor!
   Diskutiert die sachliche Richtigkeit!

2. Gibt es andere Oberbegriffe, die das Thema besser gliedern?
   Wenn ja, stellt sie euch gegenseitig vor!

3. Schreibt eure wichtigsten Ergebnisse zu obigem Thema auf!

| DEUTSCH | NAME: _____ | DATUM: _____ | NR. ___ |

Ohne Arbeit kann der Mensch nicht leben!
(Informationsquellen nutzen)

Sonja hat als Wochen-Hausaufgabe die HSU-Frage zu bearbeiten, warum für uns Menschen Arbeit sehr wichtig ist.

Zuerst befragt sie Mama, dann ruft sie Opa an. Abends soll ihr Papa Antwort geben.

Sonja ist noch nicht zufrieden. Am nächsten Tag besucht sie nachmittags die Gemeindebücherei und fragt die Bibliothekarin, ob sie weiterhelfen kann.

Abends geht sie zusammen mit Papa ins Internet und lässt sich die Seiten, die für sie wichtige Informationen enthalten, ausdrucken.

Dann macht sie sich an die Arbeit.

Arbeitsaufgaben:

1. Wie denkt ihr über die Informationsquellen, die Sonja nutzt?

_____

_____

2. Auf welche anderen Informationsquellen könnte Sonja noch zurückgreifen?

_____

_____

3. Nach welchen Stickpunkten würdet ihr suchen?

_____

_____

4. Überlegt, ob folgende Begriffe weiterhelfen und was sie euch sagen:

Arbeit / Beruf: _____

Arbeitsplatz: _____

Arbeitslosigkeit: _____

Arbeitsstätten: _____

Arbeitsfreude: _____

Arbeitslohn / Einkommen: _____

Was du nicht willst, was man dir tut - das füg' auch keinem andern zu!

(Satzzeichen und Absätze richtig setzen)

Simon hat eine alte Fabel von Aesop umgeschrieben. Der Computer druckt ihm aber nur eine Version ohne Satzzeichen aus:

ein Fuchs lud einen Kranich zum Essen ein dabei hatte er aber eine boshafte Absicht er wollte sich über seinen Gast lustig machen deshalb setzte er ihm die leckerste Suppe vor aber in einer ganz flachen Schüssel der arme Kranich konnte aber die Spitze seines langen Schnabels nicht hineintauchen und ging daher leer aus nun lass es dir recht wohl schmecken spottete der Fuchs indem er selbst gierig schlürfte

der Kranich ließ sich aber nichts anmerken sondern blieb höflich und gelassen er lobte sogar die feine Bewirtung und beim Abschied bat er den Fuchs auf den anderen Tag bei sich zu Gaste der Fuchs willigte ein

als der Fuchs nun beim Kranich eintraf fand er eine herrliche Mahlzeit vor aber sie war aufgetischt in einer Flasche mit einem langem, engen Hals. Aus dieser pickte sich der Wirt mit seinem langen spitzen Schnabel einen fetten Bissen nach dem anderen heraus der Fuchs musste sich mit dem reizenden Anblick und dem schönen Geruch der Speisen begnügen folge doch meinem Beispiel sagte lächelnd der Kranich und tu so als wenn du zu Hause wärst

1. Verbessert diese Geschichte mit richtig gesetzten Satzzeichen! Markiert mit roter Tinte!
2. Wo haben sich die Anführungszeichen der wörtlichen Rede versteckt?
3. Nach der Verbesserung mit Rotstift könnt ihr diese Geschichte unten ins Reine schreiben!

| DEUTSCH | NAME: _____ | DATUM: _____ | NR. ___ |

Fehlerhaftes und Falsches
(Satzzeichen und Absätze richtig setzen)

Wolfgang erzählt über eine Aktion. Leider hat sein PC weder Satzzeichen noch Abschnitte eingearbeitet. Ebenso kommt die Geschichte nur in Großbuchstaben:

IM LETZTEN HERBST HALF UNSERE KLASSE DIE NISTKÄSTEN IM OBER-WALD SAUBERZUMACHEN WIR TRAFEN UNS AM WALDRAND ICH BIN MIT JÖRG LOSGEZOGEN ER HAT DIE LEITER GEHALTEN UND ICH BIN HINAUFGESTIEGEN GESPANNT KLAPPTE ICH DIE VORDERWAND AUF NICHTSAHNEND HABE ICH IN DEN KASTEN GEGRIFFEN AUF EINMAL FLITZTE ETWAS KLEINES BRAUNES ÜBER MEINEN ÄRMEL MIR IST VOR SCHRECK FAST DAS HERZ STEHENGEBLIEBEN VON MEINEM KOPF IST ES AUF EINEN AST GESPRUNGEN ICH KONNTE GERADE NOCH ERKEN-NEN DASS ES EINE HASELMAUS WAR

1. Verbessert diese Geschichte mit richtig gesetzten Satzzeichen! Markiert mit roter Farbe!
2. Setzt die Wörter in die richtige Groß- und Kleinschreibung!
3. Nach der Verbesserung mit Rotstift könnt ihr diese Erlebniserzählung unten ins Reine schreiben!

| DEUTSCH | NAME: _____ | DATUM: _____ | NR. ___ |

Ist der Affe ein gerechter Schiedsrichter?
(Satzzeichen richtig setzen)

Von Aesop stammt folgende Fabel. Leider sind bei der Übersetzung aus dem Griechischen ins Deutsche die Satzzeichen abhanden gekommen:

Ein Hund und ein Fuchs stürzten gleichzeitig auf eine große Wurst los die jemand auf dem Weg verloren hatte jeder bekam ein Ende zu fassen böse sahen sie sich an wollte doch jeder das größere Stück fassen

da kam ein Affe des Wegs daher und schaute den beiden neugierig zu warum streitet ihr fragte er sie wir haben eine Wurst und wissen nicht wie wir sie teilen sollen erklärten der Hund und der Fuchs das ist doch ganz einfach ich werde teilen rief der Affe kommt mit mir nach Hause ich habe eine Waage wir wollen jedem ehrlich seine Hälfte abwiegen

Hund und Fuchs waren einverstanden und gingen mit der Affe holte seine Waage herbei dann brach er die Wurst mittendurch und wog sie o weh rief er dann das eine Stück ist schwerer er packte das Stück und biss kräftig hinein dann legte er es wieder auf die Waage nun war das andere Stück zu schwer da musste der Affe auch hier ein Stück abbeißen das ging so lange hin und her bis der Affe endlich die ganze Wurst aufgegessen hatte und gar nichts mehr übrig war.

Der Hund und der Fuchs hatten mit offenen Mäulern dem seltsamen Treiben zugesehen als sie aber nun noch sehen mussten dass der Affe auch das letzte Stückchen ihrer Wurst auffraß wollten sie sich wütend auf ihn stürzen doch der schlaue Affe hatte sich längst in Sicherheit gebracht und lachte vom Baum herunter die dummen Streithähne aus

Im Fabel-Text fehlen viele Satzzeichen:
Punkte, Kommas, Fragezeichen, Ausrufezeichen, Anführungszeichen für die wörtliche Rede

lecker, schmecker!

1. *Verbessert deshalb diese Geschichte mit richtig gesetzten Satzzeichen! Markiert mit roter Farbe!*
2. *Schreibt das erste Wort im Satz mit Großbuchstaben!*
3. *Nach der Verbesserung auf diesem Arbeitsblatt könnt ihr diese Fabel nun als Reinschrift ins Heft schreiben!*

Jeder Satz ist ein Sinnganzes. Am Ende eines Satzes steht ein Punkt.

Wie soll die Wurst gerecht geteilt werden?
(Sich in andere hineinversetzen)

Herr Müller verlangte von seinen Drittklässlern etwas besonders Schwieriges. Sie sollten sich in die Figur des Affen, des Hundes oder des Fuchses hineinversetzen und aus dieser Sicht die Geschichte schreiben.

Thomas schlüpfte in die Rolle des Affen und schrieb seine Geschichte so:
Eines Tages sah ich einen Hund und einen Fuchs. Sie stritten sich um eine Wurst, die jemand auf dem Weg verloren hatte. Beide sahen sich böse an und jeder wollte das größere Stück haben. Ich wollte den Streit schlichten und bot beiden meine Hilfe an. Dabei hatte ich bereits einen Plan im Kopf.
Ich schlug den Streithähnen Folgendes vor: „Ich habe daheim eine Waage. Wir wollen jedem ehrlich seine Hälfte abwiegen." Beide waren mit dem Vorschlag einverstanden.
Ich brach die Wurst in der Mitte entzwei und legte beide Hälften auf die Waage. Als ein Stück schwerer war, biss ich davon kräftig ab. Dann legte ich wieder die Stücke auf die Waagschalen. Jetzt war das andere Stück schwerer. So musste ich dieses mit einem Biss leichter machen.
Das ging so lange, bis nur noch zwei mickrige Wurstzipfel in meiner Hand waren. Als ich die wutentbrannten Gesichter des Hundes und des Fuchses sah, sprang ich schnell auf den Baum. Ich brüllte hinunter: „ O ihr dummen Würste! Wenn zwei sich streiten, freut sich immer der Dritte!"

Nadja wollte der Fuchs sein und schrieb ihre Geschichte so:
Gestern lag mitten auf der Straße eine dicke Bockwurst. Als ich gerade zubeißen wollte, machte mir meine Beute ein blöden Straßenköter streitig. Ich blickte ihn wutentbrannt an. Doch der Hund zog genauso wie ich kräftig an der Wurst.
Plötzlich stand ein Affe vor uns und erklärte, wie wir gerecht teilen können. Ich traute dem lumpigen Gesellen von Anfang an nicht. Aber wir gingen auf seinen Vorschlag ein. Zuhause zog er eine Waage hervor, brach die Wurst in zwei Teile und wog sie. Dann brüllte er immer wieder dasselbe: „O weh, das Stück ist schwerer!" Und jedes Mal biss er von den Hälften mehr ab, bis schließlich nichts mehr da war!
Als ich den Betrug merkte, stellte ich meine Haare auf und wollte ihn anspringen. Doch der Affe war schneller und sprang auf den Baum. Von dort oben lachte er uns aus, der unverschämte Kerl! Aber wir werden dem Betrüger das noch heimzahlen!

Arbeitsaufgabe:
Versetzt euch nun in die Rolle des Hundes und schreibt die Geschichte aus seiner Sicht! Nehmt den Aufsatz von Nadja als Vorbild! Der Hund und der Fuchs sind ja Leidensgenossen, die sich über den Betrug des Affen und vermutlich auch über ihre eigene Dummheit nun ärgern!

| DEUTSCH | NAME: _____ | DATUM: _____ | NR. ___ |

Wie soll die Wurst gerecht geteilt werden?
(Sich in andere hineinversetzen)

*Was sagten und dachten Affe, Hund und Fuchs in folgenden Situationen?
Tragt in die Denk- und Sprechblasen passende Sätze ein! Zeichnet die Wurst dazu!*

1. Ein Hund und ein Fuchs streiten um eine Wurst, die auf der Straße liegt:

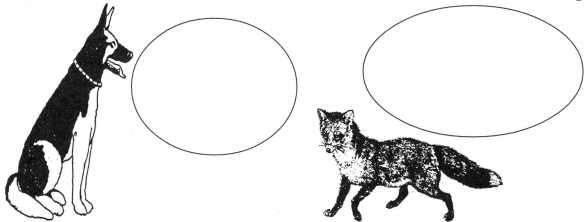

2. Ein Affe schaut den beiden neugierig zu:

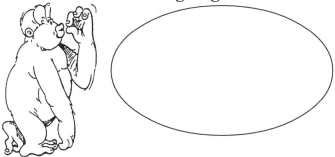

3. Der Hund und der Fuchs beantworten die Frage des Affen:

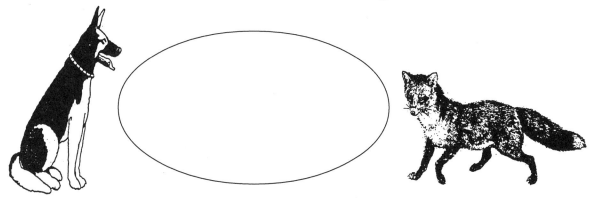

4. Der Affe bietet beiden einen Lösungsvorschlag an:

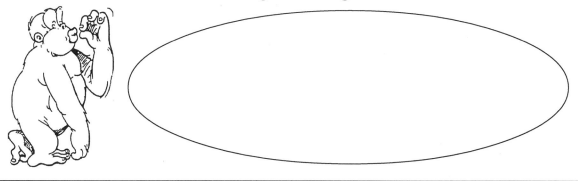

5. Beim Abwiegen und Teilen wollte der Affe als Schiedsrichter gerecht sein:

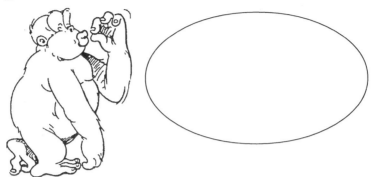

6. Was dachten Hund und Fuchs, als der Affe ihre Wurst gerecht teilte?

7. Was wollten der Hund und der Fuchs machen, als von der Wurst nichts mehr übrig blieb?

8. Der Affe hatte sich längst auf einem Baum in Sicherheit gebracht:

Lösung: Wie soll die Wurst gerecht geteilt werden?
(Sich in andere hineinversetzen)

Was sagten und dachten Affe, Hund und Fuchs in folgenden Situationen?
Tragt in die Denk- und Sprechblasen passende Sätze ein!

1. Ein Hund und ein Fuchs streiten um eine Wurst, die auf der Straße liegt:

Knurr, knurr!
Die Wurst gehört mir!
Ich habe sie zuerst gesehen!
Knurr, knurr!

Nein,
du Straßenräuber!
Ich habe die Wurst
zuerst gesehen!
Mir gehört sie!

2. Ein Affe schaut den beiden neugierig zu:

Um was geht es hier?
Warum streitet ihr
euch
eigentlich?

3. Der Hund und der Fuchs beantworten die Frage des Affen:

Wir haben eine Wurst
und wissen nicht, wie
wir sie teilen sollen.

4. Der Affe bietet beiden einen Lösungsvorschlag an:

Das ist doch ganz einfach,
ich
werde teilen.
Kommt mit mir nach Hause!
Ich habe eine Waage. Wir wollen jedem ehrlich
seine Hälfte abwiegen.

5. Beim Abwiegen und Teilen wollte der Affe als Schiedsrichter gerecht sein:

O weh, das eine Stück ist schwerer!

6. Was dachten Hund und Fuchs, als der Affe ihre Wurst gerecht teilte?

O weh, mein Stück wird immer kleiner!

O weh, mein Stück wird immer kleiner!

7. Was wollten der Hund und der Fuchs machen, als von der Wurst nichts mehr übrig blieb?

Ich werde mich sofort auf den Betrüger stürzen und ihn zerfleischen!

Ich hätte es mir denken können, dass uns der Affe betrügt, dieser Schwindler!

8. Der Affe hatte sich längst auf einem Baum in Sicherheit gebracht:

O ihr dummen Streithähne! Wenn zwei sich streiten, freut sich der Affe!

| DEUTSCH | NAME: _____ | DATUM: _____ | NR. ___ |

Die missglückte Staffel-Übergabe
(Eine Geschichte geschickt beginnen)

In der Grundschule Grünau fand gestern das Sportfest statt. Leider passierte bei einem Wettkampf etwas Unvorhergesehenes, das die Gemüter aller Kinder der 3. Klassen erregte. Martin erzählt uns den Grund der Aufregung:

Beim Staffelllauf gingen die Klassen 3a, 3b und 3c an den Start. Bei der letzten Staffel-Übergabe passierte das Missgeschick.

Als Maxi aus der 3a seinem Schlussläufer Dominik den Stab übergeben wollte, stolperte er und verlor den Stafettenstock. Sein Partner lief ins Leere und musste wieder umkehren. Der Stab und Maxi lagen am Boden.

In der Zwischenzeit überholten die Läufer der Klassen 3b und 3c das Team der 3a und gewannen das Rennen.

Die Kinder der Klasse 3a schrieben darüber eine kleine Geschichte.
Anna begann so:
Gestern waren wir beim Sportfest. Ich habe nur gesehen, dass Maxi weinte. Ich saß mit Friederike auf der Tribüne und trank meinen Saft ......
Felix schrieb:
Gestern waren alle Kinder unserer Schule auf dem Sportplatz. Wir hatten viel Spaß beim Laufen, Springen und Werfen. Leider gab es am Schluss beim Staffellauf einen Riesenärger. Und das kam so ......
Anselm begann seine Geschichte so:
Die Bundesjugendspiele machten gestern allen Kindern einen Riesenspaß. Aber am Ende des Sportfestes gab es großen Ärger, weil wir wegen Maxi den Staffellauf verloren. So ein Dummkopf!
Tanja schrieb:
Unser Sportfest war gestern spannend und enttäuschend zugleich. Beim Werfen, Laufen und Springen hatten wir sehr gute Ergebnisse erzielt. Toni sprang 4,10 m, Hansi lief die 50 m in 8,0 Sekunden und Doris warf über 40 m weit. Besonders spannend war zum Schluss der Staffellauf ......
Wie würdest du den Anfang der Geschichte schreiben? Versuche es unten!

| DEUTSCH | NAME: _____ | DATUM: _____ | NR. ___ |

Die missglückte Staffel-Übergabe
(Eine Geschichte geschickt beenden)

In der Grundschule Grünau fand gestern das Sportfest statt. Leider passierte bei einem Wettkampf etwas Unvorhergesehenes, was die Gemüter aller Kinder der 3. Klassen erregte. Martin erzählt uns den Grund der Aufregung:

Beim Staffelllauf gingen die Klassen 3a, 3b und 3c an den Start. Bei der letzten Staffel-Übergabe passierte das Missgeschick. Als Maxi aus der 3a seinem Schlussläufer Dominik den Stab übergeben wollte, stolperte er und verlor den Stafettenstock. Sein Partner lief ins Leere und musste wieder umkehren. Der Stab und Maxi lagen am Boden. In der Zwischenzeit überholten die Läufer der Klassen 3b und 3c das Team der 3a und gewannen das Rennen.

Die Kinder der Klasse 3a schrieben darüber eine kleine Geschichte.
Annas Geschichte endete so:
Ich habe mich in den Streit überhaupt nicht eingemischt. Den Pokal hat die 3b bekommen, oder? Vielleicht war es auch die 3c. Ich weiß nicht, warum sich alle so wegen des Staffellaufes aufregen!

Felix ließ seine Geschichte so aufhören:
Wir stritten untereinander und machten Maxi Vorwürfe. Vor allem Andi ärgerte sich und brüllte Maxi an: „Du Stolperer! Dein Missgeschick hat uns den Sieg gekostet!"

Anselms Geschichte hatte folgenden Schluss:
Wir alle waren sehr enttäuscht. Einige machten Maxi Vorwürfe, weil er den Staffelstab fallen ließ. Aber mir war das egal. Ich hatte gute Ergebnisse und freue mich schon auf eine Siegerurkunde.

Tanja ließ die Geschichte überraschend enden:
Natürlich stritten wir untereinander. Manche beschimpften sogar Maxi. Besonders Andi, unser schnellster Läufer, ärgerte sich und brüllte Maxi an: „ Mit deinem Fehler hast du uns um den Pokal gebracht!"
Melissa und ich gingen zu unserem Mitschüler und trösteten ihn: „Mensch, Maxi, das kann doch jedem mal passieren!" Er war froh, dass ihm jemand gut zuredete.

Wie würdest du den Schluss der Geschichte schreiben? Versuche es unten!

| DEUTSCH | NAME: _____ | DATUM: _____ | NR. ___ |

Wie kommt man wieder aus dem Brunnen?
(Einen schlauen Schluss finden)

Aesop hat folgende Fabel geschrieben. Leider ging der Schluss der Geschichte bei der Übersetzung vom Griechischen ins Deutsche vor 2.000 Jahren verloren:

Ein Fuchs, der in einen tiefen Brunnen gefallen war, konnte nicht wieder herauskommen. Da kam ein Ziegenbock des Weges.
Als er den Fuchs in dem Brunnen erblickte, fragte er ihn: „Ist das Wasser gut?"
Der Fuchs aber ließ sich von seiner Verlegenheit nichts anmerken, konnte die Frische des Wassers nicht genug loben und redete ihm gut zu, auch herunterzuspringen.
Da besann sich der Bock nicht lange und sprang hinab.
Als er aber seinen Durst gelöscht hatte, wusste auch er nicht, wie er aus dem Brunnen wieder herauskommen sollte.
„Lass mich nur machen", sagte der Fuchs. „Du stemmst dich mit deinen Vorderbeinen gegen die Mauer und machst deinen Hals recht lang. Ich klettere dann über deinen Buckel und über deine Hörner hinauf, und wenn ich oben bin, dann werde ich dir meinerseits heraushelfen."
Der Ziegenbock tat, wie ihm geheißen. Der Fuchs kletterte auf seine Hörner, und von da sprang er mit einem mächtigen Satz an den Rand des Brunnens.

1. Wie wird sich der Fuchs verhalten?
2. Wird er sich dankbar zeigen und den Ziegenbock retten?
3. Wenn der Fuchs den Ziegenbock rettet, wie wird er es wohl anstellen?
4. Wird sich der Fuchs undankbar zeigen und den Ziegnebock im Brunnen verhungern lassen?
5. Wie könnte die Geschichte ausgehen? Tragt eure Vermutungen der Klasse vor! Sprecht über eure Vermutungen!
6. Hat euer Schluss ein so genanntes „Happy End" (englisch: glückliches Ende)?
7. Lest nun das Ende der Fabel, wie es vermutlich Aesop geschrieben hätte, und tragt den entscheidenden Satz des Fuchses in die Sprechblase ein!

Doch oben angelangt, machte der Fuchs keinen Versuch, seinem Gefährten zu helfen, sondern hüpfte vor Vergnügen hin und her und begann, ihn obendrein noch zu verhöhnen. „Ziegenbock, alter Ziegenbock", rief er, „wenn du so viele Gedanken in deinem Kopf hättest als Haare in deinem Bart, dann würdest du nirgends hinunterklettern, bevor du weißt, wie du wieder heraufkommst."

Wie kommt man wieder aus dem Brunnen?
(Einen schlauen Schluss finden)

Die Fabel vom listigen Fuchs und dem einfältigen Ziegenbock geht so aus:

> *„Ziegenbock, alter Ziegenbock! Wenn du nur so viele Gedanken in deinem dummen Kopf hättest als Haare in deinem Bart, dann würdest du nirgends hinunterklettern, bevor du weißt, wie du wieder heraufkommst!"*

Tommi hat einen anderen Schluss für die Geschichte gefunden:
Der Ziegenbock meinte: „Keine schlechte Idee, lieber Fuchs! Bevor du aber über meinen Rücken in die Freiheit springst und mich hier unten lässt, mache ich etwas ganz anderes. Ich halte dich mit meinen Hufen so lange fest, bis der Bauer kommt und mich befreit. Aus dir wird dann ein warmer Pelz, den die Bäuerin im Winter um ihren Hals trägt!"
Kurze Zeit später kam der Bauer am Brunnen vorbei. Er rettete seinen Ziegenbock und zog dem Fuchs das Fell über die Ohren.

Anja fand diesen Schluss für die Geschichte:
Als der Fuchs in Freiheit war, holte er im Schuppen des Bauern eine Strickleiter. Diese warf er in den Brunnen. Schnell kletterte der Bock aus seinem Gefängnis und sprang vergnügt auf der Weide herum. Dem Fuchs dankte er: „Vielen Dank, Meister Reineke! Ich habe immer schon gewusst, dass du lieber Böcke befreist als Böcke schießt!"

Antonia wählte für ihre Geschichte folgenden Schluss:
Als der Fuchs über die Hörner auf den Brunnenrand sprang, sah er den Bauern. Er rief: „Schnell Bauer, dein Bock liegt im Brunnen! Hole ihn heraus!"
Der Bauer befreite seinen Ziegenbock und sagte zum Fuchs: „Dafür kannst du dir nächste Woche ein Huhn im Stall holen - umsonst, versteht sich!"

Pia schrieb Folgendes:
Der Ziegenbock durchschaute die List des Fuchses. Mit einem Biss verschlang er den verschlagenen Rotpelz und sprach eine Zauberformel: „Simsalabim - Die Kraft des Fuchs ist hin, die Kraft des Fuchses ist bei mir, ich spring aus dem Gefängnis hier!"
Schon hüpfte der Ziegenbock mit seiner Zauberkraft aus dem Brunnen. Oben angelangt spuckte er den Fuchs wieder aus und meinte: „Füchse sind schlau, Ziegen aber können zaubern!"

Da da da
(Satzanfänge wechseln)

Am Wochenende gab es in Fielderstadt ein großes Volksfest. Die Kinder aus der Klasse 3c hatten am Montag in der Schule viel zu erzählen:

Gestern **ist** am Stadtplatz unser Volksfest **zu Ende gegangen**. Da **bin** ich mit meiner Schwester Klara auch **hingefahren** und da **habe** ich viel **erlebt** und **gesehen**. Da **haben** Marktschreier den ganzen Nachmittag laut ins Mikrofon **gebrüllt**. Dann **bin** ich in der Geisterbahn **gefahren**. Dann **haben** Mütter nach ihren Kinder **gerufen**. Da **hat** eine Sirene **aufgeheult**. Dann **habe** ich mir Popcorn **gekauft**. Dann **bin** ich Auto-scooter **gefahren**. Da **habe** ich Klara **verloren**. Dann **hat** mir ein Polizist **geholfen**. Da **habe** ich Klara wieder **gefunden**. Dann **sind** wir nach Hause **gegangen**.

1. Was gefällt euch an dieser Erzählung nicht?
2. Macht Verbesserungsvorschläge!
3. Schreibt den Text mit verschiedenen Satzanfängen!
   Diese Wörter helfen dir dabei:
   natürlich - selbstverständlich - gleich - dort - jetzt - nun - oft - manchmal - mehrmals - danach - schließlich - endlich - anschließend - plötzlich - glücklicherweise -

*Gestern **ging** am Stadtplatz unser Volksfest **zu Ende**. Natürlich **fuhr** ich mit meiner Schwester Klara ......*

| DEUTSCH | NAME: _____ | DATUM: _____ | NR.___ |

Ich ich ich
(Satzanfänge umstellen)

Karli aus der Klasse 3c schrieb über seinen Volksfestbesuch Folgendes:

Gestern ging am Stadtplatz unser Volksfest zu Ende.
Ich fuhr selbstverständlich mit meiner Schwester Klara auch hin.
Es gab da aber viel zu erleben und zu sehen.
Die Marktschreier brüllten den ganzen Nachmittag laut ins Mikrofon:
„Sonderpreis für alle Kinder! Eine Fahrt kostet nur 5 DM!".
Ich stieg neugierig in die Geisterbahn.
Sirenen heulten ohrenbetäubend.
Die Kinder riefen überall nach ihren Müttern.
Ich kaufte mir frisches Popcorn.
Ich fuhr voller Freude Karussell.
Ich verlor plötzlich Klara.
Mir half glücklicherweise ein Polizist.
Wir fanden Klara am Riesenrad wieder.
Sie hatte dort Marion mit ihrer Mutter getroffen.
Wir gingen später alle drei glücklich nach Hause.

1. Was gefällt euch an dieser Erzählung nicht?
2. Macht Verbesserungsvorschläge!
3. Findet bessere Satzanfänge!
   Macht in jedem Satz die Umstellprobe und setzt ein Satzglied an die 1. Stelle!

Johanna hat die Satzanfänge im Text so gewählt:

Gestern ging am Stadtplatz unser Volksfest zu Ende. Selbstverständlich fuhr ich mit meiner Schwester Klara auch hin. Gab es da aber viel zu erleben und zu sehen!
Den ganzen Nachmittag brüllten Marktschreier laut ins Mikrofon: „Sonderpreis für alle Kinder! Eine Fahrt kostet nur 5 DM!".
Neugierig stieg ich in die Geisterbahn. Sirenen heulten ohrenbetäubend. Überall riefen die Kinder nach ihren Müttern. Anschließend kaufte ich mir frisches Popcorn. Voller Freude fuhr ich Karussell. Plötzlich verlor ich Klara. Glücklicherweise half mir ein Polizist. Klara fanden wir am Riesenrad wieder. Sie hatte dort Marion mit ihrer Mutter getroffen.
Später gingen wir alle drei glücklich nach Hause.

1. Unterstreicht die verschiedenen Satzanfänge mit roter Farbe!
2. Sind die Satzanfänge gut gewählt?
3. Wo kannst du Verbesserungen machen?
4. Schreibt die Geschichte Johannas in euer Heft und
   ändert dort den Satzanfang, wo er euch noch nicht gefällt!

| DEUTSCH | NAME: _____ | DATUM: _____ | NR. ___ |

Es waren einmal in Bremen vier Tiere ...
(Sätze verkürzen)

Sie überlegten lange wie sie es anfangen könnten die Räuber hinauszujagen aus ihrem Haus deshalb kamen sie auf folgende gute Idee. Der Esel stellte sich mit den Vorderfüßen auf das Fenster der Hund sprang auf den Rücken des Esels die Katze kletterte auf den Hund und zuletzt flog der Hahn hinauf und setzte sich der Katze auf den Kopf denn so waren sie stark und meinten dass die Räuber flüchten würden.

Katharinas Geschichte von den Bremer Stadtmusikanten gefiel den Kindern nicht besonders. Warum wohl?

1. Markiert in Katharinas Geschichte, wo ein Satz beginnt und wo er endet!
2. Gestaltet klare Sätze!
3. Mit welchen Satzanfängen kannst du die Geschichte besser machen?
4. Schreibt die Geschichte mit kurzen Sätzen!

Zum Schluss verbesserte Katharina ihre Geschichte so:
Die Bremer Stadtmusikanten überlegten lange, wie sie es anfangen könnten, die Räuber aus ihrem Haus hinauszujagen. Deshalb kamen sie auf folgende gute Idee: Der Esel stellte sich mit den Vorderfüßen auf das Fenster. Dann sprang der Hund auf den Rücken des Esels. Die Katze kletterte auf den Hund. Zuletzt flog der Hahn hinauf und setzte sich ganz oben auf den Kopf der Katze. So waren sie stark und meinten, dass die Räuber flüchten würden.

| DEUTSCH | NAME: _____ | DATUM: _____ | NR. ___ |

Fernsehschlaf
(Sätze verkürzen)

Birgit hat zu einer Bildergeschichte folgende Schachtelsätze geschrieben. Kannst du die Sätze verkürzen?

Um 8 Uhr abends schlief Oma im Ohrensessel vor dem Fernseher im Wohnzimmer ein und schnarchte.

_____

_____

Allmählich fiel ihr die Zeitung aus der Hand und der Kopf senkte sich leicht nach vorne.

_____

_____

Waldi, der neben ihr lag, bemerkte die Zeitung und schnappte nach ihr.

_____

_____

Waldi bellte laut voller Freude, weil er endlich ein Spielzeug hatte.

_____

_____

Vor Schreck wachte Oma auf und schimpfte den Vierbeiner: „Du Ruhestörer!"

_____

_____

Vroni hat die Aufgabe so gelöst:
Abends um 8 Uhr saß Oma im Wohnzimmer vor dem Fernseher. Bald schlief sie im Ohrensessel ein und schnarchte. Allmählich fiel ihr die Zeitung aus der Hand. Ihr Kopf senkte sich leicht nach vorne. Waldi lag brav neben ihr. Er bemerkte die Zeitung. Schnell schnappte er nach ihr. Endlich hatte er ein Spielzeug. Laut voller Freude bellte er. Vor Schreck wachte Oma auf. „Du Ruhestörer!" schimpfte sie den Vierbeiner.

| DEUTSCH | NAME: _____ | DATUM: _____ | NR. ___ |

Bello will auch mitspielen!
(Den Höhepunkt einer Geschichte gestalten)

Richard hat folgende Geschichte geschrieben:
Am Samstag Nachmittag spielten die Kinder am Bolzplatz Fußball. Als sie gerade mitten im Spiel waren, kam Herbert mit seinem Hund Bello vorbei. Plötzlich riss sich Bello von der Leine los und rannte auf die Kinder zu ...

Erzähle nun den Höhepunkt der Geschichte ganz genau:
1. Was riefen einige Kinder?
2. Warum schaute Herbert völlig entsetzt?
3. Wie stürzte sich Bello auf den Ball?
4. Was passierte mit dem Ball?
5. Was machten die Kinder?
6. Wie geht die Geschichte aus?

Richard wählte für seine Geschichte folgenden Schluss:
Hans, dem der neue Ball gehörte, weinte fürchterlich. Er wollte Herbert alles heimzahlen. Doch Monika tröstete ihn: „Sei nicht traurig! Den Ball kann man ersetzen!"

| DEUTSCH | NAME: _____ | DATUM: _____ | NR. ___ |

David allein im Baum! oder: Glück im Unglück!
(Den Höhepunkt einer Geschichte gestalten)

Dazu hat David folgende Geschichte geschrieben:

In den letzten Sommerferien machten wir Urlaub auf dem Bauernhof. Auf der Weide stand ein riesiger Birnbaum mit saftigen Früchten. Natürlich wollte ich hinaufsteigen und mir die besten Exemplare holen.

Glücklicherweise lehnte eine Leiter am Stamm. Vorsichtig kletterte ich hoch und setzte mich auf einen Ast. Freudig griff ich zu den reifen Früchten. Doch plötzlich rutschte die Leiter weg. Ich war oben gefangen ...

Erzähle nun die Geschichte weiter und baue den Höhepunkt der Geschichte sehr genau aus! Verwende dabei folgende Wortsammlung:

Angst haben - am ganzen Leib zittern - krampfhaft festhalten - Herzklopfen haben - eine Gänsehaut bekommen - um Hilfe rufen - schreien

Überlege dir dazu noch folgende Fragen:

1. Wie wird David um Hilfe rufen?
2. Welche Ausrufe wird er dazu verwenden?
3. Was wird David denken, als ihn niemand hört?
4. Welche Gefühle hat David allein im Baum?

Davids Geschichte geht glücklicherweise gut aus:

Die Bäuerin hörte meine Hilferufe und stellte die Leiter wieder auf. Mit zittrigen Knien, aber glücklich und unverletzt, stieg ich herunter. „Endlich fester Boden unter den Füßen!" dachte ich mir und bedankte mich bei der Bäuerin.

| DEUTSCH | NAME: _____ | DATUM: _____ | NR. ___ |

Angst kann man beschreiben
(Geschichten geschickt gestalten mit Wiederholungen)

Marion möchte ihre Angst-Geschichte verbessern. Der Leser soll merken, dass sie wirklich Angst hat. Wie soll sie nun die Sätze schreiben?
Dazu wiederholt sie Wörter. Sie wiederholt ganz absichtlich Wörter. Damit hebt sie die Angst in ihrer Geschichte besonders hervor.

1. Forme folgende Sätze um!
2. Trenne die wiederholten Wörter vom Satz mit einem Komma ab!
3. Verwende die Wörter in der Klammer als Wiederholungswörter!

z. B. Heftig klopfte eine Faust an die Tür. (Kellertüre)
Heftig klopfte eine Faust an die Tür, an die Kellertüre.

Im Zelt war es still. (totenstill)

_____

Benjamin hatte Angst. (eine schreckliche Angst)

_____

Das Kind horchte. (horchte immer wieder)

_____

Sein Herz klopfte. (klopfte bis zum Hals)

_____

Angst lähmte seine Schritte. (fürchterliche Angst)

_____

Benjamin schlief. (schlief fest wie ein Murmeltier)

_____

Vorsichtig schlüpfte er hinaus. (überaus vorsichtig)

_____

Mutig stellte er sich dem Ungeheuer entgegen. (dem unbekannten Ungeheuer)

_____

Da stand es. (es, das kleine Kätzchen von Nachbar Meier)

_____

| DEUTSCH | NAME: _____ | DATUM: _____ | NR.____ |

Angst kann man beschreiben
(Geschichten geschickt gestalten)

Wer wird Millionär? So heißt eine Sendung im Fernsehen.

1. Frage (100 DM):
Wie heißt der Ausdruck richtig?
a) Ich zittere am halben Leib.
b) Ich zittere am ganzen Leib.
c) Ich zittere an allen Zehen.
d) Ich zittere in allen Sehnen.

2. Frage (1.000 DM):
Wenn man Angst hat, läuft einem etwas über den Rücken! Ist es ...
a) die Schlangenhaut
b) die Schlangengalle
c) die Gänsehaut
d) die Gänseleber

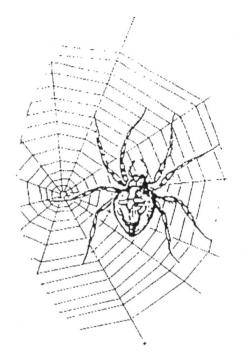

3. Frage (10.000 DM):
Wenn jemand sehr große Angst hat, überfällt ihn ...
a) Totenangst
b) Todesangst
c) Totenfurcht
d) Todesschweiß

4. Frage (100.000 DM)
Welches Wort versteckt sich in dem Unsinn-Wort

SCHNEEWEIßEPERLHUHNKRALLEN

a) 13 Buchstaben hat das Lösungswort
b) 13 Buchstaben sind zu streichen
c) Das Lösungswort beobachtet man oft am Freitag, den 13., auf der Stirn von besonders ängstlichen Menschen

5. Frage (1.000.000 DM)
Welche Wörter passen zusammen? Male sie mit gleicher Farbe aus!

HERZ	KNIE	ZÄHNE	HAARE	MUND	HÄNDE
ZITTERN		TROCKEN WERDEN		ZU BERGE STEHEN	
KLAPPERN		SCHLOTTERN		KLOPFT	

Die Geschichte vom Hund und vom Hahn
(Geschichten unterhaltsam aufschreiben)

Ein Hund und ein Hahn, die Freunde waren, machten zusammen eine Reise. Bei Anbruch der Nacht flog der Hahn auf einen Baum und schlief dort. Der Hund machte es sich im hohlen Stamm desselben Baumes gemütlich.

Als die Nacht noch nicht ganz um war, krähte der Hahn nach seiner Gewohnheit. Das hörte der Fuchs, lief schnell herbei und bat ihn, herabzukommen. Es verlange ihn, das Geschöpf zu umarmen, das eine so schöne Stimme habe.

Der Hahn aber erwiderte, er möge doch zuvor den Türwächter wecken, der unten im hohlen Baumstamm schlafe. Dieser würde ihm aufsperren und er, der stimmgewaltige Hahn, könne zu ihm hinuntersteigen.

Als nun der Fuchs deswegen nach dem Türhüter rief, sprang dieser plötzlich auf, stürzte sich auf den Eindringling und zerriss ihn mit Haut und Haar.

Was dachten und sprachen wohl Hahn, Hund und Fuchs in folgenden Szenen?
Tragt in die Denk- und Sprechblasen passende Sätze ein!

1. Der Hund und der Hahn, beide gute Freunde, gehen zusammen auf Reise:

2. Bei Anbruch der Nacht schlagen sie ihr Lager auf:

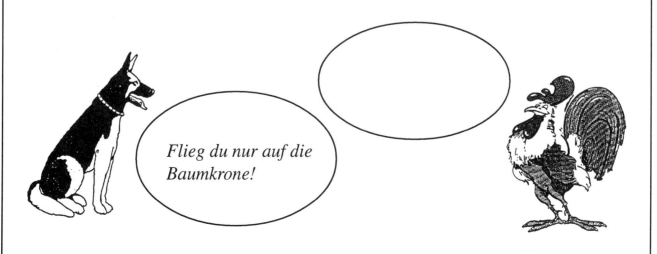

| DEUTSCH | NAME: _____ | DATUM: _____ | NR.___ |

3. Bei Anbruch des neuen Tages hört der Fuchs den Schrei des Hahns:

Was hören meine entzückten Ohren? ......

4. Schnell läuft der Fuchs zum Hahn und schmeichelt ihm:

Oh, du großartiger Sänger! ......

5. Der Hahn bittet den Fuchs, seinen Türsteher zu wecken:

6. Der Fuchs ruft nach dem Wächter:

Hallo, Türsteher! ......

7. Nachdem der Hund den hinterhältigen Fuchs zerrissen hatte, meinten beide:

Die Geschichte vom Hund und vom Hahn
(Geschichten unterhaltsam aufschreiben)

Trage passende Wörter und Ausdrücke ein!

Ein Hund und ein Hahn waren _____ Freunde und machten zusammen eine Reise.
Bei Anbruch der Nacht _____ der Hahn auf einen Baum und schlief dort.
Der Hund machte es sich im hohlen Stamm desselben Baumes _____ .
Als die Nacht noch nicht ganz um war, krähte der Hahn nach seiner Gewohnheit. Das hörte der Fuchs und er dachte bei sich:

„_____"

Schnell lief er herbei und bat den Hahn:

„_____
_____"

Der Hahn aber erwiderte:

„_____
_____"

Als der Hund den Fuchs aber hörte, sprang er auf, stürzte sich auf den Eindringling und zerriss ihn mit Haut und Haar.

Wenn du diese Geschichte ins Heft schreibst, kannst du noch folgende Eigenschaftswörter einbauen. Treffe eine geschickte Auswahl und nütze die Wortsammlung!

Fuchs:	**Hahn:**	**Hund:**
hinterhältig	schlau	kameradschaftlich
verschlagen	listig	aggressiv
schmeichlerisch	gescheit	brutal
betrügerisch	klug	treu
gedankenlos	kritisch	stark
dumm	geschickt	dankbar
leichtgläubig	berechnend	hilfsbereit

Ein ungleicher Wettlauf
(Märchen interessant und lebendig darstellen)

Das Märchen vom Wettlauf zwischen Hase und Igel kennt ihr sicherlich. Zum Schluss gewinnt der Igel, weil er mit Hilfe eines klugen Plans dem eitlen und dummen Hasen seine Grenzen aufzeigt.

Arbeitsaufgaben:
1. Wie beginnt die Geschichte und welche Eigenschaften zeigt der Hase?
2. Was geht im Kopf des Igelmannes vor?
3. Welchen Plan überlegt sich der Igel?
4. Welche Anweisungen gibt der Igel seiner Frau?
5. Warum lassen die beiden Igel den Hasen immer wieder ins Leere laufen?
6. Wie geht die Geschichte aus?
7. Welche Eigenschaften zeichnen das Igelpaar aus?
8. Schreibt nun eine spannende und lustige Geschichte!

Apfeldiebe
(Geschichten fortsetzen)

Susi hat ihre Geschichte so begonnen:
Max und Martin streiften gelangweilt durch die Gegend. Hinter einer Mauer entdeckten sie erfreut einen Baum voller schmackhafter Äpfel. „Da holen wir uns die schönsten!" rief Max begeistert. Schon sprangen die beiden flink in Bauers Garten. Schnell schüttelten sie die unteren Äste und sammelten die fremden Früchte ein. Ihre Beute steckten sie verschämt in ihre Taschen. Plötzlich hörten die beiden Apfeldiebe einen Hund bellen. Hinter ihm stürmte Bauer Bertold heran. In seiner rechten Hand hielt er einen Stock. In Sekundenschnelle ...

Was Susi dann schrieb, seht ihr auf den zwei Bildern rechts! Erzählt dazu!

Schreibt nun auf, wie die Geschichte weitergeht und verwendet dazu folgende Wortsammlung!

Bild 1:
klettern - hüpfen - springen - kraxeln
flüchten - abhauen - türmen - verschwinden
kopfüber - ängstlich - schnell - überstürzt
kopflos - schreiend - beschämt - erfolglos

Bild 2:
abstürzen - ausrutschen - hinfallen
herausziehen - jammern

schreien - mit der Rute drohen
schimpfen - fluchen - wüten

böse knurren - Zähne fletschen
bellen - zubeißen

Findet eine bessere Überschrift!

| DEUTSCH | NAME: _____ | DATUM: _____ | NR. ___ |

Fräulein Klein schlägt Mister Groß!
(Eine Geschichte erfinden)

Martina soll zu diesem Bild eine Geschichte schreiben. Sie überlegt:

Warum lacht sich die Maus den Bauch voll? Warum ist die Katze so dumm und lässt sich gefangen nehmen? Welchen Trick hat die Maus angewendet, um die Katze zu fangen? Gibt es einen Grund, warum sich die Maus besonders freut? Hat die Katze die Maus vorher geärgert, bedroht, fressen wollen?

Arbeitsaufgabe:
Verfasst zu diesem Bild eine Geschichte, die zum Schluss so endet, wie es das Bild zeigt!

| DEUTSCH | NAME: _____ | DATUM: _____ | NR. ___ |

Flugfest in Magdeburg
(Geschichten in logischer Reihenfolge erzählen)

*Till Eulenspiegel foppte einmal ganz gehörig
die Bürger von Magdeburg,
indem er ihnen weismachen wollte,
dass er fliegen könne.
Über diese Geschichte hat Norbert
eine Nacherzählung geschrieben.
Leider stimmt einiges in der Geschichte nicht:
Norbert hat die Textteile vertauscht.*

*Arbeitsaufgabe:
Verbessert den Entwurf,
indem ihr die richtige Reihenfolge
der Textstellen findet!*

Unten stand die neugierige Menge mit offenen Augen und Mündern. „So flieg doch endlich!" riefen sie aufmunternd. Doch ich dachte gar nicht daran.

Kürzlich lud ich in Magdeburg alle Bürger zu einem Flugfest ein. Sie selbst hatten mich darum gebeten. „Till, treibe etwas Närrsiches!" forderten sie mich auf. Ich ließ mich nicht lange bitten und verkündete auf dem Dach des Rathauses, dass ich von dort davonfliegen werde.

Ich lief hinunter und überließ das Volk sich selber. Hinter mir hörte ich einige fluchen. Andere aber lachten: „Wahr hat er gesprochen, er ist doch ein echter Schalk!"

„Bin ich denn der einzige Dummkopf auf der ganzen Welt?" rief ich hinunter. „Aber hier ist eine ganze Stadt voller Narren. Wenn ihr alle gesagt hättet, dass ihr fliegen wolltet, ich hätte es euch nicht geglaubt. Ich bin doch kein Vogel, habe weder Flügel noch Federn! Ihr seht wohl ein, dass alles eine Lüge ist!"

| DEUTSCH | NAME: _____ | DATUM: _____ | NR. ___ |

Keller - Koffer - Knall
(Eine Reizwortgeschichte überarbeiten)
Maxi hat zu den obigen drei Reizwörtern eine Geschichte geschrieben.

Ein geheimnisvoller Kellerbesuch

Neulich musste Tobias für seine Mutter Marmelade im Keller holen. Ängstlich schlich er die Treppe hinunter. Dort war es ganz leise und ziemlich dunkel.

Überall lag Gerümpel herum: verstaubte Flaschen, alte Schlitten, verschmutzte Fensterscheiben. Der letzte kleine Lichtschimmer verschwand. Tobias wurde es jetzt unheimlich. Seine Knie schlotterten und eine Gänsehaut lief ihm über den Rücken.

Vorsichtig ging er weiter. „Wann kommt endlich das Marmeladen-Regal?" fragte er sich. Spinnweben wickelten sich um sein Gesicht. Plötzlich zuckte er zusammen. Sein Fuß war gegen etwas Unbekanntes gestoßen. Schon knallte es fürchterlich. Von oben schlug etwas gegen seinen Körper.

„Dir ist unser Altkleider-Koffer direkt auf den Kopf gefallen", meinte Mutter beruhigend, als Tobias wieder bei Bewusstsein war. Sie legte ein kaltes Tuch auf Tobias' Stirn. „Wenn du wieder in den Keller gehst, solltest du besser Licht machen!", meinte sie.

Arbeitsaufgaben:
1. Wie beurteilt ihr den Entwurf von Maxi?
2. Was ist ihm in der Erzählung gut gelungen?
3. Was könnte man verbessern?
4. Hat Maxi immer in der gleichen Zeitstufe geschrieben?
5. Hat Maxi treffende Wörter verwendet?
6. Sind die Gedanken in der richtigen Reihenfolge geschrieben?
7. Ist die Geschichte logisch?
8. Verhält sich Tobias logisch?
9. Welche Tipps und Hinweise würdet ihr Maxi zusätzlich geben?

Vorschläge für Reizwortgeschichten:
Dachboden - Kiste - aufbrechen   Katze - Vase - zerbrochen
Ausflug - Burgruine - Verlies   Fußball - Fenster - zerbrochen

| DEUTSCH | NAME: _____ | DATUM: _____ | NR. ___ |

Falscher Alarm!
(Geschichten verändern)

Miriam schreibt in einer Bildergeschichte folgende Wörter:
Kater Peterle - Vogel - Garten - Riesensatz - Baum - Feuerwehr - Fensterbank
aufgeregt - schnell - erstaunt - jämmerlich - zitternd - ängstlich - erleichtert - dankbar

1. Wie könnte sich die Geschichte zugetragen haben?
2. Erzählt eure Version den Mitschülern!
3. Diskutiert eure Erzählungen: Sind sie logisch? Passen die Begriffe oben dazu?

Miriam schrieb ihre Geschichte dazu so:
An einem warmen Sommertag spielte Andi mit seinem Kater Peterle im Garten. Erstaunt entdeckte Peterle auf einem nahen Baum einen riesigen Vogel. Schnell schlich er sich an und kletterte aufgeregt den Baumstamm hinauf. Doch längst war der Vogel weggeflogen.
Peterle saß nun ängstlich und zitternd auf einem Ast und traute sich nicht mehr herunter. Er miaute jämmerlich. Andi lief aufgeregt zum Telefon und wählte die Nummer der Feuerwehr: „Bitte kommen Sie schnell! Mein Kater ist in Lebensgefahr!"
Kurze Zeit später bog der Einsatzwagen um die Ecke. Der freundliche Feuerwehrmann lehnte seine Leiter an den Baum. Schritt für Schritt näherte er sich Peterle und lockte ihn mit den Worten: „Miez-miez-miez!" Plötzlich sprang Peterle mit einem Riesensatz vom Ast auf die Fensterbank. „Gerettet!" rief Andi erleichtert.
Der Feuerwehrmann lächelte, als Andi ihm dankbar die Hand schüttelte. Auch Peterle schüttelte sich und seine Pfoten. Seine Landung war alles andere als weich.

4. Unterstreicht die obigen Begriffe, die Miriam verwendet hat, in ihrer Geschichte!

5. Welche „wörtlichen Reden" verwendet Miriam? Unterstreicht blau!

6. Unterstreicht die Teile der Geschichte mit Farbe:
a) die Einleitung der Geschichte grün
b) den Hauptteil der Geschichte rot
c) den Schluss der Geschichte orange

7. Erzählt die Geschichte aus der Sicht von Kater Peterle!
8. Findet eine andere Überschrift für die Geschichte!

Auf einem Baum gefangen!
(Geschichten verändern)

Verändere Miriams Geschichte, verwende aber wie sie folgende Wortsammlung:
interessiert - mutig - schnell - überrascht - riesig - zitternd - ängstlich - erleichtert

| DEUTSCH | NAME: _____ | DATUM: _____ | NR. ___ |

Einen Schneemann bauen macht Spaß!
(Gleichartige Geschichten schreiben)

Einen Schneemann zu bauen macht allen Kindern Spaß.

Schreibt dazu eine lustige Geschichte mit Fragen und Ausrufen in wörtlicher Rede!
Verwendet dazu folgende Wortsammlung:

aufgeregt - gespannt - voller Freude - Riesenspaß - fröhlich - ausgelassen
toben - purzeln - rollen - auftürmen - festklopfen - andrücken - aufsetzen
Schneekugel - Karotte - zwei Kohlestücke - alter Hut - Besen

Überschrift:

| DEUTSCH | NAME: _____ | DATUM: _____ | NR. ___ |

Von Rutschröhren und Wasserratten
(Gleichartige Texte schreiben)

Sabrina war gestern im Schwimmbad. Von der neuen Wasserröhren-Rutsche war sie hellauf begeistert. *Lest, was sie uns erzählt!*

Gestern durften mein Bruder Mike und ich ins Schwimmbad. Seit 10 Tagen gibt es dort eine neue Wasserröhrenrutsche. Wir wollten sie unbedingt ausprobieren.
Schon am Eingang trafen wir unsere Freunde Tom und Helga. Schnell zogen wir uns in den Umkleiden die Badesachen an. „Kommt, wir gehen sofort zur Rutsche!" forderte ich alle auf. Neugierig betrachteten wir die Rutsche. Sie war mehrere Meter hoch und in Kurven führte sie abwärts, direkt ins Wasser. Vorsichtig kletterten wir die Leiterstufen hoch. Oben angekommen blickte ich mit einem etwas flauen Gefühl im Magen in den breiten Schlund der Wasserrutsche. „Traust du dich nicht?" fragte hinter mir Tom. „Nur keine Angst zeigen!" dachte ich insgeheim. Mutig setzte ich mich auf das Alu-Rohr und flutschte abwärts. Die Wassertropfen spritzten mir ins Gesicht und die Fahrt wurde immer schneller. Schließlich landete ich mit einem lauten Platsch im Wasser. Gleich hinter mir kamen Mike, Tom und Helga.
„Mensch, macht das Spaß!" riefen sie übereinstimmend. Mit den anderen Kindern rutschten wir dann den ganzen Nachmittag lang. Und was wir alles ausprobierten! Am besten gefiel mir, wenn wir alle vier gleichzeitig im Wasser unten landeten.

1. **Schreibt nun selbst eine Geschichte über einen Besuch im Schwimmbad!**

2. **Verwendet folgende Wortsammlung:**
   aufgeregt - neugierig - schnell - nass
   erstaunt - begeistert - riesig - spritzig
   mutig - voller Vorfreude - Spaß - Mut
   spritzen - rutschen - schlittern - sausen
   aufklatschen - untertauchen - aufwärts
   abwärts - unten - oben - Wassertropfen

3. **Wählt für eure Erzählung eine dieser Überschriften:**
   Wasser hat keine Balken!
   Als ich einmal Wasser schluckte!
   Gefährliche Wasserspiele!
   Ein unfreiwilliger Tauchgang!
   Als ich einmal nicht mehr bremsen konnte!
   Unter Wasser!

| DEUTSCH | NAME: _____ | DATUM: _____ | NR. ___ |

Wer kommt zum Klassenfest?
(Eine Einladung schreiben)

Gestaltet zwei Vorschläge für eine Einladung zum Klassenfest.
Vorschlag 1 ist an die Eltern gerichtet!
Vorschlag 2 bekommen eure Mitschüler!

Arbeitsaufgaben:
1. Warum sollte die Einladungskarte an die Eltern anders aussehen?
2. Welche Informationen interessieren besonders eure Mitschüler?
3. Wie sollte man Bild und Text auf der Einladungskarte verbinden?
4. Macht hier Entwürfe und gestaltet die endgültige Karte im PC!

| DEUTSCH | NAME: _____ | DATUM: _____ | NR. ___ |

So verbessere ich einen Aufsatz-Text!
(Einen Text überarbeiten)

Folgende Strategien helfen dir, deinen Aufsatz besser zu machen!

1. Gebrauche Merkhilfen!

*Gedanken gliedern:
Unwichtiges gehört weg!*

*Stoffsammlung:
Was ist wirklich wichtig?*

Jeder Aufsatz hat Einleitung, Hauptteil und Schluss!

Zur Geschichte hinführen!

Den Höhepunkt ausbauen!

Einen netten Schluss finden!

Nie die Zeitstufe wechseln!

Treffende Eigenschaftswörter und Zeitwörter verwenden!

Wörtliche Rede einsetzen!

Ausrufe und Fragen einbauen!

Sätze und Abschnitte bilden!

Wortsammlungen nützen!

Die richtige Reihenfolge wählen!

Handlungen müssen nachvollziehbar sein!

*Und:
Immer den Leser berücksichtigen!*

2. Arbeite stets mit dem Wörterbuch!

Verwende die richtige Rechtschreibung!

Setze die Korrekturzeichen deines Lehrers um!

Schlag in der Aufsatz-Kartei nach!

3. Nimm Hinweise und Tipps von anderen gerne auf, wenn sie weiterhelfen!

4. Vergleiche deinen Entwurf mit den Entwürfen deiner Mitschüler!

5. Beurteile deinen Entwurf selbstkritisch!

6. Überprüfe deinen eigenen Entwurf immer wieder und bringe stets Ergänzungen an!

7. Nimm Infos auf und verwende sie im eigenen Aufsatz!

Horch! War da was? (Angstgefühle ausdrücken)

Die Kinder übernachten das erste Mal im Zelt. Dicht aneinander liegen sie in warmen Schlafsäcken. Plötzlich erwacht Daniel aus dem Schlaf ...

- er schreckt auf
- er fährt hoch
- er horcht gespannt
- er lauscht
- er spitzt die Ohren
- er bebt voller Angst
- sein Herz klopft
- seine Knie zittern
- seine Hände werden feucht
- er ist schweißgebadet
- er will schreien
- er bringt keine Silbe heraus
- er zupft Sonja am Ärmel
- er flüstert ihr etwas zu

Arbeitsaufgaben:
1. Schreibt auf, wie sich Daniels Angst äußert!
2. Findet einen Schluss für die Geschichte!

Daniel hat Angst! (Treffende Eigenschaftswörter finden)

Folgende Eigenschaftswörter machen diese Erzählung lebendiger: merkwürdig - schrecklich - vorsichtig - rabenschwarz - langsam - gespannt - erschrocken - komisch - neugierig

Es war eine _____ Nacht.

_____ fuhr Daniel hoch.

Der Junge horchte _____ in die Dunkelheit.

Da war ein _____ Rascheln zu hören.

_____ Angst lähmte seine Schritte.

_____ setzte er Schritt vor Schritt.

_____ schlich er sich näher und näher.

Im Schein der Taschenlampe betrachtete er _____ den nächtlichen Besucher.

Abenteuer im Gebirgswald 1 (Eine Bildergeschichte erzählen)

Arbeitsaufgaben: *Schreibt mit Hilfe der Wortstreifen eine spannende Erzählung!*

Bild 1:
Familie Bauer
mit dem Auto ins Gebirge fahren
Kurzurlaub machen
Zelt auf Dachträger transportieren
fröhlich sein
voller Erwartung sein
einen Platz zum Übernachten suchen

Bild 2:
Federball spielen
sich im Liegestuhl entspannen
ein spannendes Buch lesen
sich erholen

Abenteuer im Gebirgswald 2 (Eine Bildergeschichte erzählen)

Bild 3:
Nacht hereinbrechen
völlige Dunkelheit herrschen
im Zelt schlafen
nichts zu hören

Bild 4:
alle schlafen
Geräusche hören
hochschrecken
Angst haben
lauschen
am Ärmel zupfen

Zittern im Zelt! (Die Lösung nicht am Anfang verraten)

Arbeitsaufgabe:
Überprüft folgenden Text und schreibt eine Bemerkung darunter, was fehlerhaft ist!

Einmal entdeckte Daniel beim Camping-Urlaub hinter dem Zelt einen Igel. Es war schon Nacht. Er wachte auf und konnte ihn hören. Er hatte Angst, schreckliche Angst. Hinter dem Zelt war ein Rascheln und Schmatzen zu hören. Er wusste nicht, was es war. Er zitterte in seinem Schlafsack wie Espenlaub. Stockfinster war es. Vorsichtig ging er aus dem Zelt und dann ... o dieser Angsthase! Es war ja nur ein Igel, der zwei Äpfel auf der Wiese gefunden hatte!

_____

_____

_____

_____

Ein ungebetener Gast (Satzzeichen richtig setzen)

Arbeitsaufgaben:
1. In dieser Erzählung hat Erika die Satzzeichen vergessen. Kannst du helfen?
2. Trage die Geschichte mit richtigen Satzzeichen und entsprechender Groß- und Kleinschreibung ins Heft ein!

MITTEN IN DER NACHT FUHR DANIEL HOCH ER BLICKTE ANGESTRENGT IN DIE FINSTERNIS WAS WAR DAS DACHTE ER EIN RASCHELN WAR ZU HÖREN

AM LIEBSTEN HÄTTE ER ALLE AUFGEWECKT ABER VORSICHTIG SCHLÜPFTE ER AUS DEM ZELT HINAUS SEIN HERZ POCHTE SEINE KNIE SCHLOTTERTEN PLÖTZLICH SAH ER DIE LÖSUNG DES RÄTSELS EIN IGEL SCHNABULIERTE AN EINEM APFEL DIREKT VOR DEM ZELT

LEISE KROCH DANIEL WIEDER IN SEINEN SCHLAFSACK ZURÜCK SCHNELL SCHLIEF ER EIN AM NÄCHSTEN MORGEN ERZÄHLTE ER DIE GESCHICHTE VOM UNGEBETENEN GAST

Ein schrecklicher Traum! (Kreativ und frei schreiben)

Endlich schlummert Dominik ein. Der Teddy liegt in seinem Arm und schläft gemütlich mit ihm ein. Draußen ist es stockdunkel ...

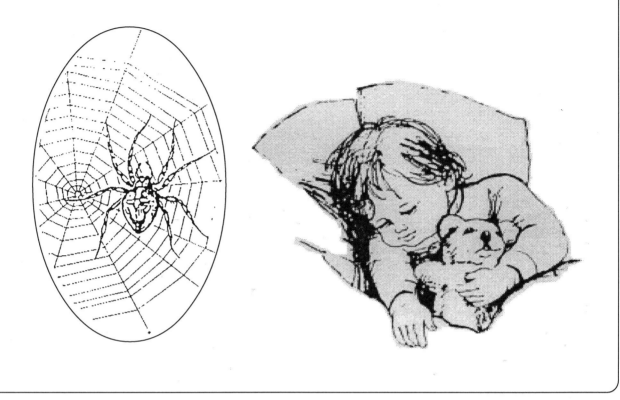

Ein schrecklicher Traum! (Kreativ und frei schreiben)

Endlich schlummert Dominik ein. Der Teddy liegt in seinem Arm und schläft gemütlich mit ihm ein. Draußen ist es stockdunkel ...

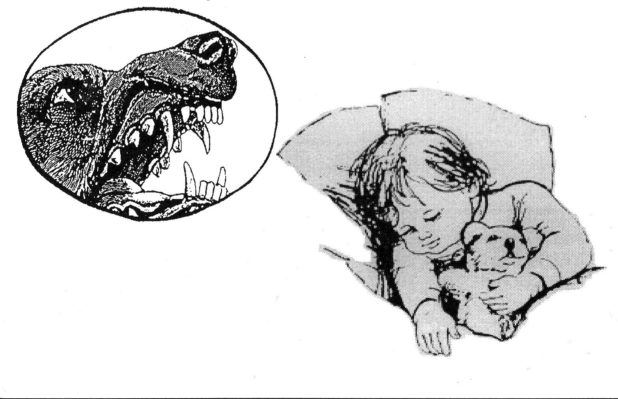

Witze von der Parkbank (Treffende Fragen stellen)

Vervollständigt die beiden folgenden Witze mit passenden Fragen!

Zwei alte Männer sitzen im Kurort Bad Wohlbefinden auf einer Parkbank. Fragt der eine den anderen:

„_____?"

„ Das will ich meinen", erklärte der andere. „Als ich hier ankam, konnte ich nicht gehen, ich musste getragen werden. Ich hatte kein einziges Haar auf dem Kopf, und meine Haut war ganz und gar zerknittert."
„Oh", sagte der Kurgast erfreut. „Wie ich sehe, hat sich dies alles deutlich gebessert. _____?"
„Ich bin hier geboren!", meinte der Kurgast darauf.

Großmutter ist schwerhörig. Sie sitzt im Park auf einer frisch gestrichenen Bank. Da kommt Sabine vorbei und sagt: „Vorsicht! Die Bank ist frisch gestrichen."
„ _____ ?" fragt die Oma.
„Grün", meint das Mädchen und läuft weiter.

Lösungsfragen: Wie bitte? Und sind sie schon geholfen? - Hat die Kur schon wie lange sind sie schon hier?

Witze von der Schulbank (Treffende Antworten geben)

Vervollständigt die beiden folgenden Witze mit passenden Antworten!

Karl ist verschnupft in die Schule gekommen. Das dauernde Hochziehen geht Erwin auf die Nerven.
„Mensch, hast du kein Taschentuch?"
fragt er gereizt.
„Doch, aber _____!"

Stefan: „Wie ich sehe, bist du ganz groß in Mathe!"
Thomas: „Ja, _____!"
Stefan: „Gut! Wie viel ist 10.000 mal 10.000?"
Thomas: „_____!"

Ingo: „Ich verstehe den Lehrer nicht. Gestern sagte er, dass 2+2 = 4 ist. Heute sagt er 3+1 = 4! Was soll ich nun glauben?"
David: „_____!"

Lösungsantworten: es liegt zu Hause! - Ich bin der Größte Rechner aller Zeiten! - Wenn du nicht so dumm wärst, würde ich es dir sagen! - freie Antworten

Radler-Witze (Treffende Zeitwörter verwenden)

Streicht jeweils die falschen Zeitwörter durch!

Peter und Klaus radeln - führen - machen - veranstalten - verbringen eine Radtour.
Peter überrumpelt - überholt - überzeugt - überfährt - überdreht seinen Freund.
Dabei rät - rüffelt - repariert - ruft - schlägt er ihm zu:
„Heda, dein Schutzblech stört - schimmert - scheppert - schippert - schnuppert!"
„Was hast du gesagt?" meint - fragt - erwidert - antwortet Klaus.
Peter wiederholt - ergänzt - stottert - sagt - meint: „Dein Schutzblech scheppert!"
„Ich kann nichts verstehen", schreit - weint - läuft - geht Klaus zurück, „mein Schutzblech scheppert fürchterlich!"

Der Lehrer sagt - fragt - meint - antwortet - erwidert Maxi:
„Wie weit ist die Türkei von uns entfernt?"
Maxi denkt - antwortet - fragt - überlegt - erwidert trocken:
„Nun, das kann nicht weit sein!"
„Wieso?", meint - entgegnet - rätselt - überlegt der Lehrer interessiert.
„Bei uns nebenan wohnt Herr Karakaya. Der kommt jeden Morgen mit dem Fahrrad.", klärt - steckt - stellt - verspricht Maxi auf.

Wie muss ein Kuss sein? (Treffende Eigenschaftswörter finden)

Weißt du, wie der erste richtige Kuss deines Lebens sein sollte? Hör mal gut zu:
atmungsaktiv, aprilfrisch, antimagnetisch, antibakteriell, nikotinfrei, bruchfest, beißfest, druckstabil, absolut farbecht, lichtempfindlich, hitzebeständig, hauchdünn, hochelastisch, herzerfrischend, reiß-, stich- und stoßfest, einbruch- und kugelsicher, kalorienarm, magenfreundlich, muntermachend, preiswert, pflegeleicht, internettauglich, schnelltrocknend, seidenweich, schäfchenweich-schmusewollig, unbrennbar, ungiftig, unauffällig, gut verdaulich, wasserabweisend, abwaschbar, wohlriechend - sonst noch was?

Welche Eigenschaften sollte das netteste Mädchen / der netteste Junge haben?

Wie Bimbo Zoowärter wurde! (Geschichten erfinden)

Bimbo, der nette Schimpanse aus dem Tierpark Hellabrunn, lief eines Tages mit Wächtermütze und Schlüsselbund zum Haupteingang. Alle Leute riefen entsetzt, aber belustigt:„Was ist denn hier passiert?"
Kannst du eine lustige Geschichte dazu erfinden?

Fütterung

Wächter

Trick

täuschen

überlisten

flüchten

?

Das hab ich aber gut gemacht!

Als Hörbi Hunger bekam! (Geschichten erfinden)

Hörbi, das nette Eichhörnchen vom Stadtpark Süd, näherte sich einer Parkbank. Dort saß Frau Grantig, die Tiere gar nicht mag. Sie bemerkte nichts, als Hörbi bereits wenige Zentimeter hinter ihrem Einkaufskorb zu schnuppern begann ...
Kannst du eine spannende Geschichte dazu erfinden?

Oh, was sehen meine Augen? Ein leckeres Abendbrot!

rascheln

heimlich wegnehmen (stibitzen)

Diebstahl bemerken

entsetzt aufschreien

verfolgen

?

Eine Schlittenfahrt ist schön ... (Ein Erlebnis erzählen)

Endlich hat es geschneit. Dicke Flocken wirbeln vom Himmel. Karin, Kurt und ihr Papa holen aus dem Keller den Schlitten hervor ...

Kannst du dazu eine lustige Schlitten-Geschichte erzählen?

Diese Wörter helfen dir dabei:

Schlittenberg
Kufen waxeln
bergauf steigen
losschießen
hinunterzischen
Zusammenstoß
Trümmer
?

Glück im Unglück! (Ein Erlebnis erzählen)

Endlich hat das Schwimmbad wieder geöffnet. Alle Kinder stürmen zur Kasse. Familie Freizeitspaß hat schon Sonnenschirm, Wasserball, Schwimmflügel und Seepferdchen eingepackt.
Kannst du dazu eine spannende Geschichte erzählen?

Schwimmbecken

3 Meter Tiefe

Beckenrand

abrutschen

untertauchen

Wasser schlucken

retten
?

Einladung zum Flohmarkt! (Für eine Aktion werben)

Am Samstag Vormittag beim „Tag der offenen Schultür" will eure Klasse einen Kinder-Flohmarkt auf dem Pausehof durchführen.
Schreibt dazu eine Einladungskarte!

Einladung zur Geburtstagsparty! (An den Adressaten denken)

Am Samstag Nachmittag soll deine Geburtstagsparty mit vielen Überraschungen stattfinden.
Schreibt dazu eine Einladungskarte, die alle deine Gäste besonders herzlich ansprechen soll!

Ferien im Wohnwagen (Sätze mit Bindewörtern)

Verbinde jeweils die beiden Sätze mit Bindewörtern (in Klammern)!
Vater las gerne ein Buch. Mutter machte Handarbeiten. (während)
Claudia segelte am liebsten. Berti schwamm lieber im Meer. (aber)
Vater kaufte sich täglich die Zeitung. Er wollte sich genau informieren. (weil)

Mehrere Tage blieb der Himmel bedeckt. Alle waren traurig. (deshalb)
Wir besuchten ein altes Museum. Wir kauften auf einem Markt ein. (nachdem)
Meist lagen wir faul am Strand. Wir spielten Frisby. (oder)

Wir hatten immer mehrere Badesachen dabei. Keiner wollte sich erkälten. (denn)
Dann fuhren wir wieder heim. Die Ferien waren zu Ende (leider).

Ein Aprilscherz (Ergänzungen anbringen)

Füllt die Lücken mit passenden Wörtern (NW, ZW, EW)!
Meine Oma ist immer zu (NW) _____ aufgelegt,

besonders am 1. April. Einmal legte sie Opa (EW) _____ herein.

Um acht Uhr früh (ZW) _____ sie ihn aus dem Bett. „Schnell!",

rief sie, „bei Tante Lisa lässt sich der (NW) _____ nicht

mehr zudrehen. Du musst sofort mit dem (NW) _____

hinfahren!" Großvater (ZW) _____ aus dem Bett und (ZW)

_____ in seinen Arbeitsanzug. Er packte den Werkzeugkasten und
schon saß er im Auto. Kurz darauf klingelte es am Gartentor von Tante Lisa. Sie
öffnete im Morgenrock und fragte erstaunt: „Was gibt's so früh?" „Ich komme, um
den Hahn zu reparieren!" „Welchen Hahn?" fragte Tante Lisa. Einer schaute den
anderen verwundert an. Da radelte Oma um die Ecke, grinste über das ganze Gesicht
und ... *(Schreibt die Geschichte zu Ende!)*

Die Bremer Stadtmusikanten (Märchen lebendig darstellen)

Streicht die unpassenden Wörter weg!
Die vier Tiere überlegten
angestrengt - nachdenklich - ohne Zögern - unüberlegt,
wie sie die Räuber
hinausjagen - hinausbringen - hinauswerfen könnten.
Endlich kamen sie auf
einen guten Gedanken - Entwurf - Entschluss - Erfolg:
Der Esel stellte sich mit den Vorderfüßen
selbstbewusst - herrschsüchtig - breitbeinig auf das Fenster.
Schnell sprang der langsame - flinke - schlaue -
dumme - behäbige Hund auf den Rücken
des Esels.
Mit einem mächtigen Druck - Satz - Sprung
hüpfte die Katze auf den Hund.
Zuletzt flog der Hahn
mutig - brutal - freudig - sanft hinauf und setzte sich
auf den Krummrücken - Buckel - Schwanz - Kopf der
Katze. Gemeinsam machten sie einen Aufstand -
Höllenkrach - Riesenapplaus - Freudentanz.

Rotkäppchen (Märchen lebendig darstellen)

Schreibt mit folgenden wörtlichen Reden ein kleines Märchen!

„Kannst du bitte den Korb zu
Großmutter bringen? Sie liegt
krank im Bett!"
Mutter - schicken - Wald - losgehen

Wolf - Bett - Angst

„Großmutter, warum hast du
so einen großen Mund?"
„Damit ich dich besser
aufessen kann!"

auffressen - Jäger - Schere - aufschneiden
glücklich - zufrieden - Heimkehr

„Danke, lieber Jäger! Du hast mich gerettet!"

Wohin geht's am Wandertag? (Meinungen äußern und begründen)

Die Kinder der Klasse 3a können sich nicht entscheiden, wohin der Wandertag gehen soll: Tierpark, Wald, Schloss, Schwimmbad, Burg, Museum?

Diskutiert folgende Meinungen!

Horst: *„Ich finde Ritterburgen einfach langweilig!"*

Antonia: *„Ich möchte ins Schwimmbad, weil ich eine Freikarte habe!"*

Stefan: *„Ich mag nicht wandern, weil ich dabei immer schwitzen muss."*

Anette: *„In den Tierpark gehe ich nicht. Wir haben schon genug Tiere daheim."*

Michael: *„Spazierengehen im Wald ist etwas für Omas und Opas!"*

Sonja: *„Warum fahren wir nicht ins Gebirge? Dort ist es schön gefährlich!"*

Benni: *„Fahren wir doch ins Museum. Da könnt ihr wenigstens etwas lernen!"*

Hör bitte mal zu! (Meinungen äußern und begründen)

Bildet Sätze!

Ich bin dafür, weil ...	*Ich bin dagegen, weil ...*
Ich finde diesen Vorschlag nicht schlecht, weil ...	*Ich bin nicht deiner Meinung, weil ...*
Ich stimme ... zu, weil ...	*... , darum bin ich dagegen.*
Dieser Vorschlag gefällt mir, obwohl ...	*... deshalb finde ich diesen Vorschlag nicht so gut.*
Ich gebe dir recht, denn ...	*Das spricht doch eigentlich dagegen: ...*
Du hast recht, wenn ...	

Wohin soll der Wandertag gehen:
Zoo oder Zeltlager, Schloss oder Schwimmbad, Museum oder Molkerei, Burg oder Bauernhof?

Meisterdetektive (Wortfelder aufbauen)

Jürgen und seine Schwester Ulrike beobachteten ein altes, verfallenes Haus. Dazu schreibt Jürgen:

Wir knobelten - tüftelten - vermuteten - dachten nach - überlegten - rätselten - würfelten,
dass sich im geheimnisvollen Haus jemand verborgen hält.
Wir saßen - verharrten - kauerten - lauerten - blieben jedoch lange auf unserem Posten.
Genau prägten - erinnerten - beobachteten - merkten wir uns alle Einzelheiten ein.
Alle Türen und Fenster waren verrammelt - versiegelt - verschlossen - verschlagen - verbogen - versteinert.
Die eiserne Gartentür rastete - ratterte - rüttelte - rostete.
Ulrike staunte - fragte - flüsterte - brüllte - meinte - sagte:
„Nein, wir haben uns geirrt. Hier gibt es nur Geister!"
Doch ich jauchzte - jubelte - triumphierte - träumte:
*„Schau! Dort wohnt **doch** einer. Jetzt weiß ich es sicher!"*
Ich sah - entdeckte - beobachtete - erkannte Rauch aufsteigen.

Welche Zeitwörter passen am besten? Streicht unpassende Wörter weg!

Muttertag (Sätze sinnvoll ordnen)

Janine hat einen kleinen Aufsatz zum Muttertag geschrieben. Leider hat sie die Sätze durcheinandergebracht. Kannst du die richtige Reihenfolge finden?

(1) An diesem Sonntag soll die Mutter einmal verwöhnt werden.
(2) Aber eigentlich sollten wir der Mutter jeden Tag ein bisschen Freude bereiten!
(3) Seit einigen Jahrzehnten feiern wir im Mai den Muttertag.
(4) Gerne basteln wir ihr ein kleines Geschenk und bedanken uns für ihre Mühe.
(5) Wir nehmen ihr Arbeit ab und schenken ihr Blumen.

Ein Paket für Tante Paula (Mit dem Wörterbuch Fehler vermeiden)

Gina hat für ihre Großmutter, die übermorgen Geburtstag hat, ein Paket auf der Post aufgegeben. Was sie dabei erlebte, hat sie aufgeschrieben:

Schnell brachte ich das Paket zur Post. An den Schaltern warteten viele Leute. Etwas ungeduldick dachte ich: „Wo soll ich mich blaß anstollen?"
Eine freundliche Dame fragte mich: „Na, kleines Fraulein, wohin soll denn das Große paket so schnell?" Ich stutterte etwas: „Tante Paula hat übermorgen Geburtstag." Dabei nahm sie mich vorsichtig an der Schalter und schob mich sacht zum Schulter. Sie winkte dem Mann: „Hallo, eine dringende Ölsendung!"
Gleich darauf kontrollierte der Postbeamte adresse und absender meines Pakets. Er drückte einen Stummel auf das Päckchen. „So, so, für Onkel Paul!" schmunzelte er und legte es ab. Die freundliche Dame sagte ruhig: „Kein Engst! Sicher kommt es noch richtzeitig an!"
Erleichtert gang ich heim.

Gina sind einige Rechtschreib-Fehler unterlaufen.
Überprüfe den Text mit dem Wörterbuch und streiche mit Rotstift die Fehler an!
Schreibe den Aufsatz ohne Rechtschreib-Fehler ins Heft!

Reifenwechsel (Einen Vorgang beschreiben)

Norberts Hinterreifen ist platt.
Beschreibt mit folgenden Wortstreifen genau den Vorgang des Reifenflickens!

| den Reifen aufpumpen und das Rad wieder einbauen |

| prüfen, ob das Ventil dicht ist. Dabei mit Spucke über die Öffnung streichen |

| den Schlauch von der Felge nehmen |

| den Schlauch unter den Mantel stecken und den Mantel über die Felge drücken |

| den Schlauch aufpumpen und ins Wasser halten, um das Loch zu finden |

| die Umgebung des Lochs mit Schleifpapier aufrauen, die Gummilösung auftragen und trocknen lassen und dann den Flicken fest andrücken |

Setzt am Satzende immer einen Punkt!
So beginnt die Vorgangsbeschreibung: Zuerst überprüfe ich, ob das Ventil dicht ist. Dabei streiche ich mit etwas Spucke über die Öffnung. Dann nehme ich den ....

Wie der Bäcker Brötchen bäckt! (Einen Vorgang beschreiben)

Bäcker Boneberger zeigt den Kindern, wie Brötchen hergestellt werden.
Verfasst eine Vorgangsbeschreibung mit folgenden Stichpunkten:

1. Teig schon vorbereitet
   Knetmaschine knetet Teig
2. Teig auf Waage legen -
   in gleich große Portionen
   einteilen
3. mit Hand Portionen
   ausrollen
   mit Teigteilmaschine
   Brötchen formen
4. mit Stüpfelmaschine Brötchen stüpfeln
5. Brötchenbleche im Garraum stapeln
   Brötchen gären lassen
   eine halbe Stunde Gärdauer
6. Bleche in Backofen schieben
   eine halbe Stunde Backzeit

Wie komme ich zur Schule? (Einen Weg beschreiben)

Beschreibe deinen Schulweg! Verwende dabei weitgehend folgende Wörter:

losgehen
Bürgersteig
x-Straße
überqueren
rechts
links
Kreuzung
Ampel
Zebrastreifen
Bushaltestelle
x-Gebäude
abbiegen
entlanggehen
vorbeigehen
bis ... dort
ankommen

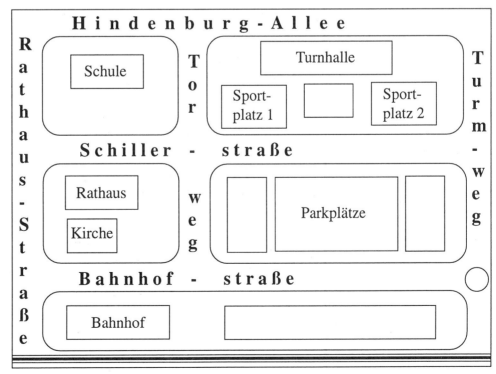

Einen Kürbiskopf basteln (Stickpunkte notieren)

Kürbislaternen und beleuchtete Kürbisköpfe haben in vielen Ländern Tradition. Für diese originellen Gestecke werden Gesichter in Kürbisse geschnitzt und mit Blumen geschmückt. Du brauchst: einen mittelgroßen Kürbis, Dahlien, kleine Sonnenblumen, Astern, Lampionblumen, Efeuranken mit Früchten, Bergenienblätter, Hafer, einen hohen Becher oder ein Glas, einen Steckschwamm, einen Bleistift, einen Löffel und ein scharfes Küchenmesser.
Zuerst wird der obere Teil mit dem Strunk vom Kürbis abgetrennt. Die vorgesehene Öffnung, die nicht allzu groß werden sollte, wird mit dem Bleistift vorgezeichnet und anschließend mit dem Messer ausgeschnitten. Jetzt kannst du das Fruchtfleisch mit einem Löffel herausschaben. Achte darauf, dass die Kürbiswand noch mindestens eine Stärke von 2 cm behält, da ein dickerer Boden für mehr Stabilität sorgt. Nun werden Augen und Mund aufgezeichnet und ebenfalls ausgeschnitten. Der mit Wasser getränkte Steckschwamm wird passend zurecht geschnitten und in den Becher gelegt, den du dann im ausgehöhlten Kürbis einsetzen kannst.
Für das Gesteck schneidest du alle Pflanzenstengel schräg an. Zuerst werden die Ranken und Blätter in den Schwamm gesteckt. Die Blumen mit den großen Blüten steckst du in den unteren und mittleren Teil, die kleineren Blumen und Ähren sowie die Gräser in das obere Drittel. Der Steckschwamm sollte immer gut gegossen werden.

Unterstreicht nur die wichtigsten Informationen!
Schreibt Stichpunkte aus dem Text heraus!

Kürbis, Kopf & Kunst (Eine Bastelanleitung umsetzen)

Besorge dir einen mittelgroßen Kürbis, Dahlien, kleine Sonnenblumen, Astern, Lampionblumen, Efeuranken mit Früchten, Bergenienblätter und Hafer. Dazu einen hohen Becher oder ein Glas, einen Steckschwamm, einen Bleistift, einen Löffel und ein scharfes Küchenmesser.
1. Trenne den oberen Teil mit dem Strunk vom Kürbis ab!
2. Zeichne die vorgesehene Öffnung - nicht allzu groß - mit dem Bleistift vor!
3. Schneide sie anschließend mit dem Messer aus!
4. Schabe das Fruchtfleisch mit einem Löffel heraus!
5. Achte darauf, dass die Kürbiswand noch mindestens eine Stärke von 2 cm behält!
6. Zeichne jetzt Augen und Mund auf und schneide sie ebenfalls aus!
7. Schneide den mit Wasser getränkten Steckschwamm passend zurecht!
8. Lege ihn in den Becher, den du dann im ausgehöhlten Kürbis einsetzen kannst.
9. Schneide für das Gesteck alle Pflanzenstengel schräg an!
(Zuerst werden die Ranken und Blätter in den Schwamm gesteckt. Die Blumen mit den großen Blüten kommen in den unteren und mittleren Teil, die kleineren Blumen und Ähren sowie die Gräser in das obere Drittel!)
10. Den Steckschwamm immer gut gießen!

Gestaltet nun den Kürbis-Kunstkopf,
Kunstkürbis-Kopf, die Kürbiskopf-Kunst!

Kuchen mit einem Schuss Rosinen! (Eine Überschrift finden)

Bertram und die Klasse 3a haben sich folgende Überschriften zu dieser Bildergeschichte überlegt:

Ein Schuss ohne Kugeln!

Die Schützenkönige

Der angeschossene Kuchen

Ein süßer Schuss mit Pulvergeschmack!

Süßer die Schrotkörner nie schmecken!

Mit Rosinen eingelocht!

Die Speed-Racer-Rosinen

Wie denkt ihr über die Vorschläge? Welche findet ihr besonders gut und warum? Überlegt selbst weitere gute Überschriften für die obige Bildergeschichte!

Die Meisterköche mit dem Schießgewehr (Kritik üben)

Stellt 10 Merkmale zusammen, die zeigen, warum dieser Aufsatz sehr gut ist!

Stolz schiebt Vater Oskar den prächtigen Guglhupf in das Ofenrohr. Klein-Timi beobachtet neugierig den letzten Handgriff ihrer BackAktion. Der Leckerbissen wird wohl Mutter zum Geburtstag gut schmecken!

Kurz darauf entdeckt Timi die Rosinenschachtel unter dem Tisch. Erschrocken ruft er: „Papi, schau mal, wir haben die Rosinen vergessen!" Verärgert schimpft Vater Oskar: „Wir Dummköpfe!"

Ratlos sitzt Papa auf dem Küchenhocker. „Wie sollen wir nur die Rosinen in den Kuchen bekommen?" grübelt er angestrengt. Timi wandert nachdenklich im Kreis herum.

Da hat Timi plötzlich eine Super-Idee. Er läuft ins Schlafzimmer und holt die Schrotflinte von der Wand. Fragend schaut Vater den kleinen Knirps an und meint: „Was willst du denn mit Opas Knarre?"

Timi übergibt seinem Vater das Gewehr und reicht ihm fünfzehn Rosinen. „Lade sie!", fordert er ihn auf. Er stellt den fertig gebackenen Kuchen mitten ins Zimmer. Nun weiß auch Papa Oskar, was kommt. Sie legen sich flach auf den Boden, zielen sorgfältig und ballern los. Nach zwei Schüssen ist der Kuchen fertig. Sie überziehen die Einschlaglöcher dick mit Schokoladenguss. Zufrieden lecken sie sich die Lippen: „Mutter wird uns für Meisterköche halten!"

Lea spielt Lehrerin (Geschichten erfinden)

**Schreibt zum Bild unten eine lustige Geschichte!
Folgende Stichwörter helfen euch dabei:**

langweiliger Nachmittag
interessante Idee

Lehrerin spielen

Puppen, Kasperl, Teddys
zusammensuchen

Stuhl als Klassenzimmer
Teppichklopfer als Zeigestock

Unterricht geben
Einmaleins erklären

???

Das sture Kamel (Geschichten erfinden)

Schreibt zum Bild unten eine lustige Geschichte!
Folgende Stichwörter helfen euch dabei:
Frau Neckermann - reiselustig - Ägypten - Pyramiden - Ausritt - Kamel - verweigern - bockig sein - Kamelführer Achmed - gut zureden - ermuntern - drohen - schimpfen
???
Findet einen schlauen Schluss für die Geschichte!

„Du bist doch sonst ein so gutmütiges Kamel, du Kamel!"

„Ob das heute noch was wird? - Ich hab doch schon bezahlt!"

So ein Pech! (Zu Reizwörtern schreiben)

Schreibt zum Bild rechts eine Geschichte, in der das Pferd den Reiter überlistet!

Folgende Reizwörter helfen euch dabei:

ausreiten -
aufsteigen -
herunterfallen

Findet einen schlauen Schluss für die Geschichte!

„Die ganze Woche lässt sich Reiter Richard nicht sehen! Dann gibt er mir das schlechteste Futter! Aufsteigen kann er auch nicht! Diesmal reite . . . . ich mit ihm nicht aus!

Dumm gelaufen! (Zu Bildern Gedichte schreiben)

Herr Ottokar liebt frische Luft,
Sonnenschein und Blütendunft.
Noch mehr liebt er Hundgetier.
Es reichen dieser nicht mal vier!
Nein, fünf Hunde hat Herr Ottokar
und liebt sie allesamt fürwahr!
Er füttert Lecker-Schmecker-Speisen
und macht mit ihnen Gassi-Reisen.
Einstmals ging er bergwärts zu.
Als die Hundeschar im Nu
zog mit aller Kraft voraus,
ging es schnell zur Tür hinaus.
Angekettet an der Leine
zogen zwanzig Hundebeine
an Herrn Ottos Muskulatur -
Reiseziel war die Natur.
Doch ganz plötzlich ...

Findet einen schlauen Schluss für das Gedicht!

Anglerglück! (Eine Geschichte überraschend enden lassen)

Herr Standfuß ist leidenschaftlicher Angler. Stundenlang sitzt er am Wasser und wartet darauf, dass endlich ein dicker Fisch anbeißt.

Schreibe zum Bild eine Geschichte, bei der Herrn Standfuß
a) ins Wasser fällt
b) fast ertrinkt
c) nur mühsam ans Ufer gelangt
d) seine Angelrute verliert
e) pitschnass ist
f) und dennoch einen dicken Fisch fängt!

Was passierte da?

„Was mach ich nur, was mach ich nur? Von einem Fischlein keine Spur!"

Das Tandem (Einen Anfang für eine Geschichte finden)

Herr Vahr und Herr Rath lenken seit ein paar Tagen die Aufmerksamkeit ihrer Nachbarn auf sich. Sie fahren mit einem Tandem durch die Gegend. Ihr Fahrrad hat drei Reifen, zwei Lenker, zwei Sattel, zwei Gepäckträger, einen Lichtstrahler vorne und einen Lichtstrahler hinten.
Wenn man genau hinsieht, haben sie ihre beiden alten Räder miteinander verbunden.

Was war geschehen?
Warum konstruierten die beiden ein Tandem?
Schreibt eine interessante Begründung!

Was Menschen durch den Kopf geht! (Gedanken aufschreiben)

Überlegt, was sich die beiden überlegen!
Schreibt gelungene Gedanken in die Sprech- und Denkblasen!

Mit dem Ballon nach Babylon fahren (Kreativ schreiben)

Schreibt eine Fantasie-Geschichte zum Thema oben!

Die Stichwörter im Ballon helfen euch!

mit dem Ballon fahren dürfen
in die Lüfte steigen
fremde Länder von oben sehen
landen -
Begrüßung durch fremde Menschen
sonderbares Aussehen
unbekannte Verhaltensweisen
Angst - Gefahr - Unsicherheit
Rettung -
vom Traum aufwachen

So ein Angeber! (Einen Text planen und gestalten)

Der kleine Dino-Saurius ist ein furchtbarer Angeber. Was er alles kann, steht auf den Wortkarten. Eines Tages tritt er im Zirkus Dino-Krone auf und zeigt, was er kann. Doch am Schluss passiert ihm ein Missgeschick. Er ist so schnell gewachsen, dass er nicht mehr durch das Tor passt! Wie löst er dieses Problem? Schreib darüber eine Geschichte!

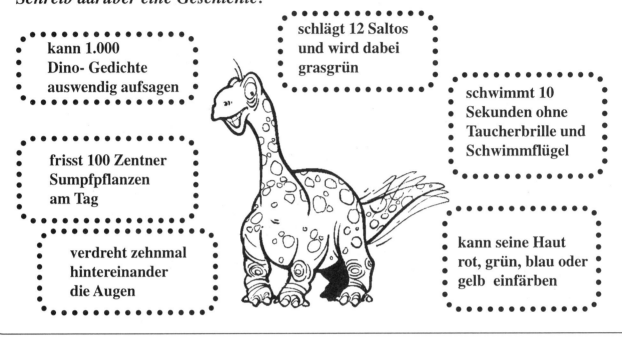

- kann 1.000 Dino-Gedichte auswendig aufsagen
- schlägt 12 Saltos und wird dabei grasgrün
- schwimmt 10 Sekunden ohne Taucherbrille und Schwimmflügel
- frisst 100 Zentner Sumpfpflanzen am Tag
- verdreht zehnmal hintereinander die Augen
- kann seine Haut rot, grün, blau oder gelb einfärben

Freche Mäuse unter sich! (Ideen sammeln)

Bearbeitet folgende Arbeitsaufträge:
1. Gebt den drei Mäusen witzige Namen!
2. Warum sind die drei Mäuse so frech?
3. Wenn Mäuse frech sind, was tun sie dann?
4. Welchen Plan haben sie, den Käse zu erwischen, ohne selbst erwischt zu werden?
5. Wie werden sie die tödliche Falle ausschalten?

Schreibt nun zum Bild eine spannende Mausefalle-Geschichte, die gut ausgeht - für die Mäuse!

Also doch Zauberei! (1) (Einen Text planen und gestalten)

Bild 1:
fortgehen wollen
sich zurecht machen
Krawatte binden
Hut und Handschuhe
bereitlegen, Hut aufsetzen

Bild 2:
Handschuhe unauffindbar
Klein-Timi sucht unter dem Tisch
„Wo könnten die Handschuhe liegen?"

Bild 3:
grübeln, nachdenken, überlegen
gemeinsam das Haus verlassen

Also doch Zauberei! (2) (Einen Text planen und gestalten)

Bild 4:
an einem Buchladen vorbeikommen
ein Angebot machen
ein Zauberbuch kaufen

Bild 5:
neugierig sein
Zauberbuch aufschlagen
sich mit dem Kopf nach vorne bücken
Handschuhe rutschen vom Hut ins Buch

Bild 6:
„Was machen meine Handschuhe im Zauberbuch?"
große Augen machen
erstaunt und überrascht sein
an echte Zauberei glauben
Schreibt zur Bildergeschichte einen passenden Text und verwendet dazu die Begriffe oben!

Der eingebildete Kranke (1) (Einen Text planen und gestalten)

Bild 1:
Vater: *„Ich bring dir schon mal den Schulpack!"*
Sohn: *„Oh nein! Ich habe furchtbares Kopfweh!"*
Vater: *„Willst du damit sagen, dass du heute nicht in die Schule gehen kannst?"*

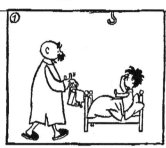

Bild 2:
Sohn: *„Oh, das Kopftuch tut gut! Und der Tee lässt mich gleich gut schwitzen!"*
Vater: *„Damit du bald gesund wirst, mache ich dir ein Schaukelbett!"*

Bild 3:
Vater: *„Es war einmal ein krankes Kind. Das ..."*
Sohn: *„Oh wie schön!"*

Der eingebildete Kranke (2) (Einen Text planen und gestalten)

Bild 4:
Vater: *„Versuch zu schlafen. Morgen geht es schon wieder besser!"*

Bild 5:
Sohn: *„Schaukeln ist schön! Krank sein ist schön!"*
Vater: *„Der ist aber schnell gesund geworden! Dass ein Schaukelbett Kranke so schnell gesund macht!"*

Bild 6:
Vater: *„Jetzt aber schnell ab in die Schule!"*
Sohn: *„Oh wie dumm von mir!"*

Schreibe zu dieser Bildergeschichte einen passenden Text und verwende die wörtlichen Reden!

Wie macht man Erdbeermilch? (Eine Kochanleitung schreiben)

Karin schlägt im Kochbuch nach. Sie liest leise vor:
200 Gramm frische Erdbeeren
1 Päckchen Vanillezucker
2 Esslöffel Zucker
4 Eiswaffeln
1/2 Liter Milch
Karin hat die Zutaten vorbereitet.
Jetzt gibt ihr Mutter einige Hinweise:
die Erdbeeren gut waschen, die Stiele sauber abzupfen
die Erdbeeren zu Brei zerdrücken
drei Esslöffel Zucker dazugeben
einen halben Liter Milch zum Brei dazugießen
und kräftig umrühren
zum Schluss ein Päckchen Vanillezucker dazuschütten
und einrühren
Mutter: „Wenn du die Erdbeermilch im Glas mit 1 Kugel Vanilleeis verfeinerst, dann schmeckt alles noch viel besser!"
Schreibt mit Hilfe der Hinweise von Mutter eine Kochanleitung!
Lasst euch Karins Lieblingsspeise gut schmecken!

Aus früheren Zeiten (Stichpunkte herausschreiben)

Dietmar schmökert in einem HSU-Buch über alte Zeiten. Er soll sich die wichtigsten Punkte aus dem Text herausschreiben. Kannst du ihm helfen?

An jedem Ort gibt es Bauten, die aus früheren Zeiten stammen. Sie sind oft 100 Jahre alt oder sogar noch älter. Manche werden besonders gepflegt, damit sie gut erhalten bleiben. Am Marktplatz finden wir das herrliche Rathaus. Dominikus Zimmermann hat die Hausfassade mit Stuck und Bildern gestaltet. Die Malereien zeigen friedliche und kriegerische Szenen. Unsere Stadt war wegen des Salzhandels sehr reich. Deshalb standen neben dem Rathaus viele prächtige Bürgerhäuser. Noch heute treffen sich der Bürgermeister und die Gemeinderäte im großen Sitzungssaal. Dort beraten sie sich über alle wichtigen Vorgänge im Ort.

Wie ein riesiges Denkmal sieht der Taubenturm aus früherer Zeit aus. Vor 300 Jahren haben die Bürger eine hohe Mauer um den Ort gebaut.

Von den Mauern und Türmen erhofften sich die Bürger Schutz vor Feinden. Sie brachten große Opfer, um einen Mauerring zur Verteidigung anzulegen. Man baute die Mauern möglichst hoch, damit sie im Falle eines Angriffs nicht so leicht erstürmt werden konnten.

Auch mächtige Tore gehörten zur Befestigung eines Ortes. Sie wurden am Abend geschlossen und am Morgen geöffnet. Hoch oben im Torturm lebte der Türmer.

Als ich einmal Angst hatte! (Über ein Erlebnis schreiben)

Katharina hat Zahnschmerzen. Zusammen mit ihrer Mama geht sie sofort zum Zahnarzt. In der Magengegend spürt sie ein komisches Kribbeln. Sie hat Angst.
Doktor Heilmann schaut in ihren Mund. „Ich muss ein bisschen bohren!" sagt er ruhig. Doch Katharina bekommt nasse Hände. Blut schießt in ihr Gesicht. „Keine Angst!", beruhigt sie der Arzt, „Du wirst überhaupt nichts spüren. Ich bin ganz vorsichtig!"
Kurze Zeit später surrt der Bohrer. Katharina spürt aber nichts. Sie wird immer ruhiger und denkt: „Wenn das alles ist?"
Bald ist die Behandlung zu Ende.
Sie springt freudestrahlend aus dem Stuhl:
„Mama, Mama, er hat zwar gebohrt,
aber es hat überhaupt nicht weh getan!"
Mutter meint: „Ich hab dir ja gesagt,
du brauchst keine Angst
vorm Zahnarzt haben!"

*Schreibt eine Zahnarzt-Geschichte,
die ihr selbst erlebt habt!*

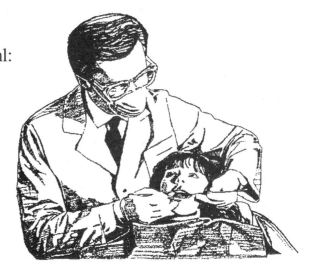

Ein hohler Zahn (Über ein Erlebnis schreiben)

Christian erzählt:
Ich stöhnte und rannte in der Wohnung hin und her. Ich hatte wahnsinnige Schmerzen, aber zum Zahnarzt wollte ich nicht gehen. Gott sei Dank kam Mutter von der Arbeit nach Hause. Sie sah mein Elend und ergriff sofort meine Hand. „Ganz schnell zum Zahnarzt! Keine Widerrede!" sagte sie bestimmt.
Ich widersprach, weil ich furchtbare Angst vorm Zahnarzt hatte:
„Ich habe mir doch immer die Zähne geputzt!"
Mutter entgegenete: „Ja, aber nur am Morgen!
Ich habe dir immer gesagt:
Zähne putzen nach jeder Mahlzeit!
Und Zähne putzen immer am Abend!"
Ich widersprach nicht, weil ich ein
schlechtes Gewissen hatte.
Tatsächlich putzte ich mir nur am Morgen
die Zähne! Jetzt dachte ich: „Hätte ich nur
meine Zähne immer richtig gepflegt!"

*Schreibt diese Geschichte nicht in der
Ich-form, sondern so: Christian stöhnte und ...!*

Rache ist süß! (1) (Sich mit einer Bildergeschichte auseinandersetzen)

Kerstin stellt sich zu dieser Bildergeschichte einige Fragen:

Bild 1:
Zerstört der Spaziergänger mutwillig den Schneemann?
Welche Gründe hat der Mann, einen schönen Schneemann in der Nacht zu zerstören?
Denkt der Mann an die Folgen seiner Tat?

Bild 2:
Wie reagiert Klein-Timi auf den kaputten Schneemann?
Ist Vater Oskar auch traurig?
Was wird Vater Oskar denken?
Wen vermutet er als Übeltäter?

Bild 3:
Hat Vater Oskar einen neuen Schneemann für seinen Sohn gebaut?
Warum kommt der fremde Mann schon wieder?

Rache ist süß! (2) (Sich mit einer Bildergeschichte auseinandersetzen)

Bild 4:
Warum lacht der Schneemann, als er wieder vom Fremden angestupst wird?
Warum späht Klein-Timi aus dem Fenster?
Kennt Klein-Timi den fremden Mann?

Bild 5:
Warum schlägt der Schneemann aus?
Wer versteckt sich im Schneemann?
Wie reagiert jetzt der Fremde?
Was wird er wohl denken?

Bild 6:
Warum schaut der Schneemann so unschuldig drein?
Was denkt jetzt Klein-Timi?
Was geht im Kopf des Fremden vor?

Stellt weitere Fragen zu den einzelnen Bildern!
Diskutiert diese Fragen und beantwortet sie!

Gut gemeint! (1) (Bilder in Texte umformen)

Schreibt zu jedem Einzelbild eure Beobachtungen!

Bild 1:

_____

_____

Bild 2:

_____

_____

Bild 3:

_____

_____

Gut gemeint (2) (Bilder in Texte umformen)

Bild 4:

_____

_____

Bild 5:

_____

_____

Bild 6:

_____

_____

FÄCHER ÜBERGREIFEND
Jahrgangsstufe 1.-4.

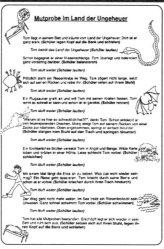
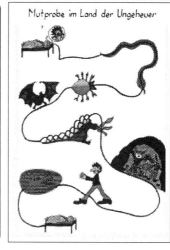

Inhaltsübersicht:

- Trimm - dich - Pfad
- Mutprobe im Land der Ungeheuer
- Der einsame Pinguin
- Geisterstunde
- Skifahren
- Weltraumreise
- Im Hasenland
- Im Zirkus
- Badeausflug

Abenteuerreisen Bd. I
Nr. 792   9 Farbf. DM 39,90/ €20,40
mit Textbegleitung

Inhaltsübersicht:

- Auf Bärenjagd
- Im Zoo
- Triathlon
- Immer dieser Michl
- Unser Klassenzimmer als Fittnessstudio
- Kasperles Tagesablauf
- Ein Igel auf Herbstspaziergang
- Wir tauchen in die Unterwasserwelt
- Mit Pipi auf Abenteuer

Abenteuerreisen Bd. II
Nr. 799   9 Farbf. DM 39,90/ €20,40
mit Textbegleitung

Inhaltsübersicht:

1. Bewegungsgeschichten Im Schnee, In der Sonne, Der Riese und der Zwerg, Der Frosch, der kein König war, Der kleine Nils auf der Gespensterburg, Ein Wundermittel gegen die Traurigkeit, Am Morgen, Die drei Fragen des Königs aus dem Südreich, Der Fahrradsturz, Weißt du, wer ich bin?, Besuch im Tierpark, **2. Bewegungsspiele** Tierpark, Alle Tiere tanzen, Tierfamilie, Versteinerter Zoo, Kennst du die richtige Antwort?, Welches Einmaleins?, Einmaleinszahlen, Ich hebe meinen Arm, Was mach ich?, Fliegen-hüpfen-schwimmen, „Wechsel", Platztausch, Herr Chang aus China, Guten-Morgen-Spiel, Stuhlfangen, Stop, **3. Bewegungsfolien** Auf Schatzsuche, Am Strand, Europareise, Dornröschens Prinz, Feuerwehrmann Brand, Auf dem Volksfest, **Anlage** Tierkarten: Affe, Bär, Elefant, Tierkarten: Hase, Schlange, Daumenkino

Bewegungsideen für zwischendurch
Nr. 957   36 S. DM 16,90/ €8,64

Inhaltsübersicht:

Vorwort

1. Gymnastische Übungen
2. Singspiele
3. Pantomimespiele
4. Reaktionsspiele
5. Ausklangmöglichkeiten
6. Ruhigere Spiele zum Sammeln

Lustige Muntermacher 1.-4.
Nr. 859   72 S. DM 22,90/ €11,71

Inhaltsverzeichnis:

1. Stundenpläne
2. Urkunden für den Unterricht
3. Urkunden für's Schullandheim
4. Leseraupe
5. Fleißkarten
6. Geburtstagskalender
7. Gruppenkarte
8. Freie Arbeit
9. Rechenspiel
10. Elternbriefe
11. Rücksichtspunkte-Tabelle- und Liste
12. Namensschilder
13. Plakate
14. Adventskalender

Kleine Hilfen zum Unterricht 1.-4.
Nr. 359   48 S. DM 18,90/ €9,66

Stand der Preise 2001 - Bitte beachten Sie unsere aktuelle Preisliste!

○ 3./4. Jahrgangsstufe ○ Stand 30. 01. 2001 ○ 3./4. Jahrgangsstufe ○ Stand 30. 01. 2001 ○ 3./4. Jahrgangsstufe ○

Deutsch

pb-Stundenbilder

Nr.	Titel	Preis
090	3./4. Schuljahr Band I Schriftl. Sprachgebrauch und Rechtschreiben 126 S., 30 StB, 34 AB, 34 FV	31,90
091	3./4. Schuljahr Band II Lesen und Sprachlehre 124 S., 23 StB, 36 AB, 24 FV	31,90

Rechtschreiben
Lernwörter, Nachschriften, Diktate

| 890 | 3. Schuljahr 104 S. | ✎ 31,90 |
| 891 | 4. Schuljahr 70 S. | ✎ 26,90 |

Grundwortschatz in Nachschriften
Lauf- und Büchsendiktaten

| 789 | 3. Schuljahr 94 S. | ✎ 29,90 |
| 790 | 4. Schuljahr 106 S. | ✎ 31,90 |

Die lustige Rechtschreibkartei UP
Kopiervorlagen nach neuer Rechtschrift

| 877 | 3. Schuljahr 110 S., A5 quer | ✎ 26,90 |
| 044 | 4. Schuljahr 110 S., A5 quer | ✎ 26,90 |

Grundwortschatz-Schülerhefte

769	Mein Wörterlexikon i. d. Grundschule 96 S., DIN A5	✎ 9,90
749	Mein Grundwortschatz geordnet nach Rechtschreibfällen mit lustigen Lernspielen - Arbeitsheft zu einem Wörterlexikon, DIN A4	✎ 9,90
765	Mein Grundwortschatz 3. in lateinischer Ausgangsschrift, 66 S.	✎ 8,90
766	Mein Grundwortschatz 4. in lateinischer Ausgangsschrift, 72 S.	✎ 9,90
979	Meine Merkwörter in Bausteinen 3./4. ca. 300 Kärtchen, DIN A5	i.V.

Minutenübungen/Kartei

| 066 | Wortschatztraining, 3. Schuljahr
DIN A5, 100 S. | 24,90 |
| 067 | Wortschatztraining, 4. Schuljahr
DIN A5, 100 S. | 24,90 |

Training zur Schriftpflege

| 861 | So macht schreiben Spaß 4
64 S. | ✎ 23,90 |

Aufsatzerziehung

836	So schreibe ich spannende Geschichten 3./4. Schuljahr, 104 S.	✎ 31,90
843	Kreatives Schreiben, 3./4. Schuljahr Techniken-Tipps-Schülerbeispiele zur umsetzung von thematischen und gestalterischen Impulsen	✎ 26,90
983	Spielen mit Sprache macht Spaß 78 S. Kartei DIN A5	23,90
703	Erzählen u. Unterhalten 3./4. Schuljahr	32,90

Aufsatz/Kopierhefte

076	Band I, Erleben und Erzählen 88 S., 51 KV	✎ 28,90
077	Band II, Beobachten, Berichten, Beschreiben 80 S., 57 KV	✎ 27,90
078	Band III, Überlegen und Begründen 68 S., 37 KV	23,90

Literatur/Lesen

763	Kinder- u. Jugendliteratur lesen und erleben, 3./4. Schuljahr mit Beispieltexten, 144 S.	34,90
097	Phantasiegeschichten, 3./4. Schuljahr Texte z. Kreativität u. Meditation, 56 S.	21,90
098	dazugehörige Musikkassette	18,00
764	2.-4. Schuljahr, Spannende Geschichten zum Sachunterricht z. Lesen, Vorlesen u. Nacherzählen, 64 S.	21,90

Kopierhefte

350	Lesefreude mit Märchen 58 S.	✎ 23,90
351	Lesefreude mit Fabeln 56 S.	✎ 23,90
352	Lesefreude mit Legenden und Sagen 56 S.	✎ 23,90
353	Lesefreude mit Lachgeschichten und Schwänken 52 S.	✎ 22,90
969	Lass dir Zeit 90 S.	✎ 28,90
354	Minikrimis, 3./4. Schuljahr Detektive sind Benni, Lu u. du, 46 S.	✎ 19,90

079	Lesen mit Lust 3 64 S.	23,90
080	Lesen mit Lust 4 64 S.	23,90
358	Mit viel Spaß fit im Lesen 3./4. 46 S.	✎ 19,90

Gedichte/Stundenbilder

| 135 | 3./4. Schuljahr
93 Seiten, 18 Gedichte z.B. von Goethe, Krüss, Ringelnatz, Roth... | 26,90 |

Sprachbetrachtung/Sprachlehre

187	Sprachlehre macht Spaß, 3./4. Schulj., Unterrichtsbeispiele, Probearbeiten, Arbeitsblätter 92 S.	27,90
459	Sprache untersuchen 3. Schuljahr 118 S.	✎ 32,90
460	Sprache untersuchen 4. Schuljahr	✎ i.V.

Fremdsprachen

962	Französisch i. d. Grundsch., 104 S.	26,90
963	Englisch i. d. Grundschule	i.V.
974	Ready, steady, go Spielekartei Englisch 110 S.	26,90

Konzentration/Denksport

| 731 | Sich konzentrieren macht Spaß
3./4. Schuljahr, 64 S. | ✎ 24,90 |
| 722 | Gripstraining zum Denksport
3./4. Schuljahr, 110 S. | ✎ 26,90 |

Heimat- und Sachunterricht

Stundenbilder

736	3. Schuljahr Band I Kind und Gemeinschaft / Zeit / Heimatgeschichte / heimatl. Raum / Warenherstellung / Dienstleistungen, 104 S.	✎ 28,90
737	3. Schuljahr Band II Kind und Natur / Kind und Gesundheit, 110 S.	✎ 29,90
738	4. Schuljahr Band I Kind und Gemeinschaft / Kind und Geschichte / Kind und Raum / Warenherstellung / Dienstleistungen, 136 S.	✎ 33,90
739	4. Schuljahr Band II Kind und Gesundheit / Kind und Wald / Kind und Tierwelt / Kind und Natur, 120 S.	31,90

Sachunterricht/Stundenbilder

| 743 | 3./4. Schuljahr Band I
Geschichte, Sozial-u. Wirtschaftslehre, verkerserziehung, 140 S. | ✎ 33,90 |
| 744 | 3./4. Schuljahr Band II
Biologie, Erdkunde, Physik, Chemie, 108 S. | ✎ 29,90 |

Lernzielkontrollen/Proben

| 797 | 3. Schuljahr, 64 S. | ✎ 24,90 |
| 798 | 4. Schuljahr, 64 S. | ✎ 24,90 |

Umwelterziehung/Stundenbilder

| 255 | Umwelterziehung, 4.-6. Schj.
Lesestoffe, Kopier- u. Folienvorlagen,
Lieder mit Noten zur Tonkassette | 21,90 |
| 256 | dazugehörige Musikkassette | 19,80 |

Verkehrserziehung

| 186 | 3./4. Schuljahr, 86 S. | ✎ 28,90 |

Freiarbeit - Spielend lernen
Spiel- und Arbeitsmaterial mit Puzzle, Domino, Klammerkarten, Würfelspiele etc, jeweils mit ausführlicher Anleitung

| 038 | 4. Schuljahr Teil I
Gedruckt auf festem Karton zum sofortigen Ausschneiden und Anwenden | 29,90 |

Kopierhefte mit Pfiff

725	3. Schuljahr Band I, 78 S. Gemeinschaft, Geschichte, Zeit, Raum	✎ 27,90
726	3. Schuljahr Band II, 80 S. Kind und Natur	✎ 27,90
727	4. Schuljahr Band I, 64 S. Gemeinschaft, Geschichte, Zeit, Raum	✎ 24,90
728	4. Schuljahr Band II, 64 S. Kind und Natur	✎ 24,90

Gesunde Ernährung

| 391 | Reise durch das gesunde Schlaraffenland, 64 S. | ✎ 24,90 |

HSU kompakt

274	HSU kompakt 3 Bd. I 142 S.	✎ 35.90
275	HSU kompakt 3 Bd. II	✎ i.V.
276	HSU kompakt 4 Bd. I	✎ i.V.
277	HSU kompakt 4 Bd. II	✎ i.V.
287	Unser eigenes Thema 3./4	✎ i.V.

Rund ums Jahr
Feste und Gedenktage

| 364 | Frühling u. Sommer, Bd. I, 120 S. | 31,90 |
| 365 | Herbst u. Winter, Bd. II, 120 S. | 31,90 |

Brauchtum 2.-4. Schuljahr

| 169 | Brauchtum und Feste im (Kirchen-) Jahr, Band I
Erntedankfest bis Hl. Drei Könige
17 StB, 9 AB, 3 FV, 134 S. | 29,90 |
| 170 | Brauchtum und Feste im (Kirchen-) Jahr, Band II
Vom Fasching bis zu den Sommerfeiertagen, 13 StB, 29 AB, 122 S. | 28,90 |

Kath. Religion

Stundenbilder

| 155 | 3. Schulj., 116 S., 20 StB, 14 FV | 29,90 |
| 156 | 4. Schulj., 138 S. | ✎ 35,90 |

Ethik

264	3. Schuljahr	✎ i.V.
265	4. Schuljahr 144 S.	✎ 36,90
794	Kurzgeschichten zum Ethikunterricht 3./4. Schuljahr 44 Themenvorschläge, Denkanstöße und Diskussionsschwerpunkte, 50 S.	19,90

✎ = Neue Rechtschreibung